教育相談の
理論と実践

編著　内田利広

ふくろう出版

はじめに

　本書は、保育者や教員を目指す学生のためのテキストとして編纂されたものです。藤井裕子先生より、『乳幼児の発達臨床と保育カウンセリング』をさらに発展させた形で、教育相談に関する本を作りたいという話をいただき、これまで生徒指導や教育相談に関わってきた内田が編集を担当することになりました。そういった意味では、本書はこれまでの教育相談に関するテキストとは少し異なる点があります。それは、乳幼児期の発達臨床という視点も踏まえながら、乳幼児から児童期、思春期あたりまでの子どもを対象とした本であるということです。つまり、幼児期の幼稚園、保育所、子ども園での子どもの理解や関わりを含め、その後の児童期、そして思春期の子どもの理解や関わりまで、幅広い年代を対象にしているところは一つの特徴であると思っています。ただ、そのために本書においては、用語の統一が難しいところもありました。

　乳幼児、児童、生徒など、学校現場ではさまざまな表現がされますが、本書ではそれを「子ども」として統一するようにしましたが、話の文脈においては、そのまま乳幼児、児童、生徒という表現が適切な場合もあり、そのまま使用している場合もあります。また、支援する側も、幼児を対象とする場合は「保育者」、児童生徒を対象とする場合は「教員」として統一しましたが、その文脈においては、「教師」「教職員」「先生」「担任」という表現を使われている場合もあります。ただし、幼児期や児童期の子どもの発達は連続したものであり、重なるところが多いので、適宜「保育者」と「教員」は読み替えて理解していただければ、さらに理解が広がるのではと思います。

　もう一つの特徴は、できるだけ最新の情報やデータを取り入れたということです。特に、最近の学校現場では、国から新たな施策や指針が次々と示され、その施策・指針に沿って行うことが求められています。例えば、学習指導要領が改訂された「新学習指導要領」や「幼稚園教育要領」「保育所保育指針」、さらに生徒指導については「生徒指導提要」が示され、その後発達障害に関する支援の新たな方針が示されたり、不登校への関わりにおける新たな対応が示されたりしており、できるだけこのような最新の情報を取り入れた形で、本書の執筆をお願いしました。また、さまざまな実態、現状を示すデータも、最新のものを使うようにしましたが、このようなデータは毎年更新されるものもあり、提示しているホームページ等を参考に、できれば最新のものを確認していただけると幸いです。

　本書は大学での半期の授業（15回）を想定して編集されたものです。一つの章を1回の授業で終えられるように、コンパクトにまとめ、できるだけ図や表を使って分かりやすく説明しました。また、章の始めには、「学びのポイント」と「キーワード」をあげ、章全体の内容が、イメージしやすいように工夫しました。第Ｉ部では、教育相談に関する基本的な理論、方法を示し、特に組織的な対応、チームとしての支援、さらに家族や

関係機関との連携などを通して、教育相談にとって基礎的・基本的な対応や心得についてまとめています。後半の第Ⅱ部では、教育相談における具体的な支援の実際をテーマごとに配置しています。学校における子どもたちの課題となるテーマは非常に多岐にわたっており、そのすべてをカバーすることはできませんでしたが、今回、学校の危機管理や学校でのメンタルヘルスに関する課題など、最近特に注目されているテーマを取り上げることができました。

　本書は、さまざまな領域で子どもたちに関わっている12名の先生方にお願いし、具体的で、かつ実践に即した内容で執筆いただきました。本書が教員を目指す多くの学生の参考となり、実りある教育実践に繋がることを切に願うところです。

　最後に、本書の出版にあたり、貴重な助言をいただいた藤井裕子先生、編集者として卓越した技能を発揮しサポートしていただいたふくろう出版の亀山裕幸様に厚くお礼を申し上げます。

2020年10月

編著者　内田利広

目　　次

第1部

教育相談の理論と方法

第1章　教育相談の意義と役割

> **── 学びのポイントとキーワード ──**
>
> 　学校教育における教育相談の位置づけについて、教科指導と生徒指導の関連から理解し、さらに教育相談とカウンセリングの関係について理解を深める。子どもや子どもを取り巻く環境が変化し、教育相談の役割は高まり、教員に高いコミュニケーション能力が求められている。
>
> **キーワード：生徒指導提要、父性と母性、カウンセリング・マインド、個性、**
> 　　　　　　**教員の人間力**

第1節　学校教育と教育相談

1．生徒指導と教育相談

　「生徒指導提要」(2010) によると、教育相談は生徒指導の一環として位置づけられ、その中心的な役割を担っている。生徒指導は、「一人一人の児童生徒の人格を尊重し、個性の伸張を図りながら、社会的資質や行動力を高めることを目指して行なわれる教育活動のこと」と定義されている。学校教育においては、いわゆる授業等を通して教えられる教科指導と、授業を含めてさまざまな活動を通して子どもに関わる生徒指導が、車の両輪に喩えられる重要な2つの教育活動である。また、生徒指導には、一般に校則違反等について厳しく指導するという側面が強い（いわゆる「狭義の生徒指導」）が、本来の生徒指導は個々の子どもに寄り添い、相談にのったり、一緒に考えて行なったりする「教育相談」の側面も含まれており、さらに最近では特別支援教育の側面も含めた広い意味を持つ活動（「広義の生徒指導」）である（図1-1）。

　生徒指導に関しては、1965年に文部省（当時）から「生徒指導の手引き」が公刊され、その基本的な方向性が示された。その後「生徒指導の手引き（改訂版）」(1981年) が出され、さらに2010年に文部科学省から「生徒指導提要」が公刊され、現在の生徒指導の基本的な方針が示された。このように、生徒指導の指針が繰り返し改訂され、最終的に生徒指導提要が刊行された背景には、教員が対応する課題や子どもたちを取り巻く環境が急速に変化してきたことがある。

　生徒指導においては、不登校の問題が、学校現場での長年の課題として取り組まれてきたが、その数はここ数年増加傾向にあり、学校に行けない子どもへの教育機会を確保するための法律（「義務教育の段階における普通教育に相当する教育の機会の確保等に関する法律」2016年公布）が制定され、多様な教育の機会が求められている。また、い

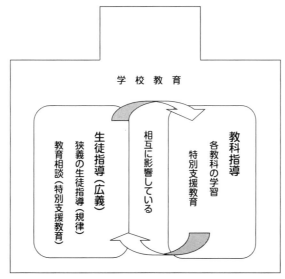

図1−1　学校教育における教科指導と生徒指導

じめの問題でも、さまざまな対策が行なわれてきたが、これまで増減を繰り返し、いじめが無くなることはなく、むしろネットいじめなど、見えないところで陰湿化、複雑化している。

　このように、学校における子どもたちの問題行動は、時代の流れに伴って変化、多様化してきており、単に子どもの表面的な行動を見て、注意し指導すれば解決するような状況ではなく、子どもの内面的な理解に基づいた関わりが必要になってきているのである。

2．学校・子どもを取り巻く環境の変化

　子どもたちを取り巻く家庭の状況も大きく変化している。家庭での児童虐待やDV（ドメスティック・バイオレンス）の増加など、子どもたちを取り巻く環境は年々厳しくなっている。日本の家族の変化を見ると、1990年代から2000年代にかけて、離婚率が上昇し（人口1,000人当たり1990年：1.28→2000年：2.10）、その結果ひとり親家庭（母子家庭・父子家庭）も増加し、2016年度には母子家庭が123.2万世帯、父子家庭が18.7万世帯になっている。さらに、離婚率の上昇は、再婚率が高くなるということでもあり、その結果、前の婚姻による子どもがいる状態で再婚となると、血の繋がりのない親子関係が形成され、いわゆる「ステップファミリー」が増えることになる。ステップファミリーは、「複雑な家族構造と曖昧な家族境界のために問題を抱えやすいにも関わらず、ステップファミリーであると周りに言わない」（小田切、2017）ことが多いが、実際には「しつけや生活習慣などをめぐって問題が生じることがよくある」ので、子育てや家族への支援が必要になると考えられる。

　また、家族を取り巻く社会において、経済的な格差が広がり、貧困の問題が指摘されるようになっている。特にひとり親家庭における貧困率は高く、学校教育においても福祉的な視点からの支援が求められるようになり、文部科学省は、2008年度よりスクールソーシャルワーカーの配置を始めている。さらに最近では、さまざまな事情で十分に食事をとることができない子どもや小さい子どもが一人で食事をとらざるをえない（孤食）状態にある家庭への支援として、民間を中心に「子ども食堂」と言われる無料あるいは低価格で食事を提供し、子どもだけでも食べに行ける場の開設が広がりつつある。

3．教育相談の意義

　子どもたちを取り巻く環境は大きく変化し、子どもたちの生活がきちんと守られることが無く、心が傷つけられる中で、身体的な不調を訴えたり、突然切れて暴力的になる子、さらに人との関わりを避けて登園・登校しぶりを示し、長期欠席から全く人と関わろうとせず、引きこもり状態になる子どもたちもいる。

　このようなさまざまな課題を抱えた子どもたちの心に寄り添い、個々の課題を解決していくことが、学校教育においても生徒指導の一環である教育相談に求められるところになってきている。生徒指導提要（2010）によると、教育相談は「児童生徒それぞれの発達に即して、好ましい人間関係を育て、生活によく適応させ、自己理解を深めさせ、人格の成長への援助を図るもの」と定義されている。生徒指導が主に集団に焦点を当てるのに対し、教育相談では主に個に焦点を当て、面接や演習を通して個の内面の発達・成長を促すものである。つまり、教育相談は、生徒指導の一環であるが、生徒指導の中でも主に個々の子どもの持つ能力や課題に焦点を当て、個別に関わる相談活動である。

　これまでの教育では、授業や保育など集団全体を対象とした関わりが中心であった。しかし、子どもや家庭の多様化の中で、子どもたちの抱える課題も複雑になり、もっと個々に焦点を当てた理解や関わりが求められるようになり、学校教育においては、教育相談の意義や重要性は高まってきている。最近では、いじめや不登校などさまざまな課題において「心のケア」や「社会的自立」のための支援として、教育相談が生徒指導における「中心的な役割」（生徒指導提要）を担っているといえる。

第2節　教育相談の役割・機能

1．教育相談の機能

1）「教えること」と「育むこと」

　学校における教育は、「教える」という側面と、「育む」という側面がある。教員は教

えることのプロであり、情報を伝え、正しい方向を指し示し、導いていく（指導する）役割を持つが、それと同時に子どもを支えて、育み、育てていく役割も持っている。そして、教育相談はこの「育む」という教育の営みにおいて、重要な役割を果たしている。子どものもつ能力、資質を伸ばし、自ら課題を解決していけるようになる力（自己指導能力）を育むには、まずはその子自身の現在の状況、悩みや不安等をしっかりと把握しておく必要がある。そのためには、子どもの話に耳を傾けて、子どもの立場に立って話を聴くこと（傾聴）が重要である。この「聴く」ことが、実は簡単にできないところに教育相談の難しさがある。教員は、常に集団を相手にし、全体の動きを見ながら指示を出し、その集団から外れたり、付いていけない子がいないかを見ておく必要がある。したがって、教員はどうしても教える、指導し導くという意識が強くなり、個々の思いに寄り添った関わりや支援をしていくという視点が、疎かになりやすいというジレンマを抱えている。

２）父性と母性

　学校教育においては、学校の規則や社会のルール、約束事をきちんと守らせるという厳格さ、従順さが必要になる。これは父性といわれ、物事を細かく区分けして、理性的に物事を判断し、枠組み（ルール）をしっかりと守っていく力のことである。これに対し、人や物事を全体的に包み込み、分け隔てなく受け入れて、寄り添いながらケアしていこうとする心性が母性である。教育相談においては、この母性的な側面が重視され、子どもの発言や態度を温かく包み込み、受け入れてやることで、安心していろんな話をすることができ、信頼関係を築いていくことができるのである。もっとも、教員には、この父性と母性の両方が必要であると言われ、バランスが取れていることが大切である。あまりに母性だけが強くなりすぎると、子どもを抱え込みすぎてしまい、現実から遊離して社会的な自立ができにくいという場合もある。したがって、教育相談がうまく機能するには、自分の中にある父性と母性のバランスを意識しておくことが重要である。

２．教育相談の特徴

　教育相談は、あくまでも教員が行なう面接であり、カウンセラーが行なうカウンセリングとは異なるが、日ごろ子どもに接している教員であるからこそできる支援もある。その特徴を以下の３つにまとめることができる。

①早期発見・早期対応：カウンセリングは、相談者の申し込みによる予約によって実施される事が多いが、教育相談では、日常的に子どもたちに接している教員が、子どもの変化（体調不良や不安な表情など）を即座に把握することが可能であり、適宜その場で相談にのることが可能である。

②援助資源が豊富：カウンセリングでは、カウンセラーと相談者という1対1の関係が中心であり、関わる人も限られているが、学校では担任を中心に、養護教諭、学年主任、生徒指導・教育相談担当者、さらに管理職等多くの人材が支援に関わることができる。学校現場では、多くの教員がさまざまな立場・役割の中で子どもたちに関わっているので、援助資源が豊富であり、このような多様な資源を有効に使いながら支援を行なうことができる。

③家庭とのつながり：子どもの発達・成長において家庭、保護者の影響は大きい。学校教育では、保護者とのつながりが強く、幼稚園では日々の送り迎え時に保護者と顔を合わせることが可能である。小中学校では、年度始めに全家庭への家庭訪問が行なわれ、また必要に応じて、個々の家庭に行って、保護者と面談することも日常的に行なわれている。この保護者との日常的なつながりは、保護者との連携による子どもの課題解決や支援においては、大きな意味を持ってくる。

3．組織的な対応

　教育相談に関わる内容は、非常に複雑で多岐にわたるため、担任1人で関わり、対応していくのが難しくなってきている。学校教育における複雑で多様な子どもたちの問題に対応していくには、組織的対応としてチームで支援を行なう方法が推奨されている。

　教員と子どもたちは、日常的に同じ場所にいるというメリットもあるが、時にこれはデメリットになり、子どもにとっては、日頃注意されたり、評価を受けたりする担任には相談しにくいということも起こりうる。このような課題を解決するには、担任だけの力では難しく、組織としての対応が求められるようになってきたのである。

　「生徒指導提要」では、チームによる支援について、「問題を抱える個々の児童生徒については、校内の複数の教職員やスクールカウンセラーやソーシャルワーカーなどがチームを編成して児童生徒を指導・援助し、また家庭への支援も行ない問題解決を行なうもの」と明記されている。つまり、子どもたちのさまざまな問題を解決し、支援を行なっていくには、学校内の多様な人材それぞれの立場、役割を踏まえた連携、特に他職種の専門家の知見や技能を活用していく多職種連携が求められている。学校における他職種としては、スクールカウンセラー（幼稚園では、キンダーカウンセラー又は保育カウンセラー）がおり、心の専門家としてほぼすべての学校に配置が進みつつある（2019年現在スクールカウンセラーの配置率、小学校約80％、中学校約96％）。

> ## Column | キンダーカウンセラー、保育カウンセラー
>
> キンダーカウンセラー：2003年に大阪府の私立幼稚園でキンダーカウンセリング事業として初めて導入され、臨床心理士の資格を持つカウンセラーが派遣された。その後100を超える園に派遣されるようになっている。また、2009年には、京都府でも同じようにキンダーカウンセラーの派遣が開始されている。キンダーカウンセラーの役割は、①保護者支援、②保育者支援、③子ども支援の３つであるが、最近は発達障害の子どもへの対応が喫緊の課題となっており、特に保護者からのニーズが高くなっている（大西ら、2018）。
>
> 保育カウンセラー：2005年に、東京都日野市の公立幼稚園に臨床心理士の資格を持つカウンセラーが初めて派遣された。その後私立の幼稚園にも保育カウンセラーが派遣されることになった。保育カウンセラーの役割として、①保育の観察、②保護者の個別相談、③保護者を対象とした活動（講演会・懇談会）、④保育カンファレンス、⑤地域の子育て支援（未就園児の保護者相談など）、の５つの活動が示されている（坂上、2015）。

第3節　教育相談の現状と課題

1．教員の専門性の広がりと深まり：カウンセリング・マインド

　現在の学校教育では、子ども一人ひとりの個性を尊重し、そのもてる力を発揮させていこうという姿勢が求められている。生徒指導においても、問題が起こってから後追い的に対応をしていく「消極的な生徒指導」よりも、むしろ問題が起こる前に未然に問題を防いでいく「積極的な生徒指導」が重視されるようになっている。そして、そのために子ども自身が自分をよりよい方向に導いていく力（自己指導能力）を育成することが求められている。個々の子どもに寄り添って、その子自身の個性を尊重しながら、対人関係における自己存在感や共感性を高めるためには、子どもの状態を的確に理解し、その能力に合った介入、関わりが必要であり、教員の高い他者理解力や対人関係能力が必要になる。これは、いわゆるカウンセリング・マインドといわれるもので、カウンセラーの重要な技能であるアセスメント能力や傾聴技法が教員にも求められている。斎藤（2012）は、このカウンセリング・マインドについて、①心のつながりを大切にする、②相手の立場に立って共に考える、③ありのままの姿を温かく受け止め見守る、④心の動きに応答する、という４つの態度をあげている。

　教員のカウンセリング・マインドは、子どもに何か気になることが起こり、１対１で

向き合った際に、教員がそこで何を感じ、何をどう伝えるかという一瞬の場面における
判断として、発揮される資質である。

Column｜カウンセリング・マインド

　桑原（1999）は、教室の中でできるカウンセリング・マインドとして、以下の5
つをあげている。

①個性を殺さない：人にはさまざまな心のデコボコ（汚い、受け入れがたい）があ
　るが、それを切り捨てたり、排除したりしないこと。

②「影」の意味を知る：自分の中にある見たくないもの、好きになれないものが、
　自分の影です。

③価値の転換：見たくないもの、許せないもの、が必ずしも悪ではなく、善いもの
　もある。

④BeingとDoing：何かを「する（do）」ことだけが重要ではなく、「ある（be）」こと（存
　在すること、そこに居ること）が貴重な場合もある。

⑤「発達」について：子どもは行きつ戻りつしながら発達し、時には赤ちゃんに返
　り（退行）、甘えることが大切なときもある。

　このように、教員においても、子どもを深く、多面的に理解することが必要になる。

2．連携と同僚性

　学校教育が、今後ますます連携を重視し、チームで動いていく必要性が高まっていく
と考えられる。そして、そのためには、日常的な教員間の信頼関係やコミュニケーショ
ンのとり方などが重要になっていく。しかし、最近「教員の間に学校は一つの組織体で
あるという認識が希薄になっていること」が指摘され（文科省、2019）、さらに学校の
規模が小さくなり、職場内の教員の数も少ないことで、学年主任等が他の教員を指導す
る機能が低下し、「学びの共同体としての学校の機能（同僚性）が十分に発揮されてい
ない」ことが危惧されている。

　つまり、教員は日ごろから職場の仲間・一員としてお互いにコミュニケーションを取
り、人間関係を形成し、いろんなことを相談できる雰囲気を創っておくことが大事である。
これまでの学校教育において、担任が自分のクラス・子どもについては全責任を持って、
他の教員の意見は気にせず、自分の思い通りに学級運営や子どもへの指導を行なってい
く（これは一時期、小学校で学級王国とよばれていた）という意識が強かった。しかし、
現在の学校現場では、子どもたちの課題も多様化し、保護者との連携も難しい場合があ

り、担任一人だけでは対応できなくなってきている。そして組織的な対応には、教員の学び合いや支え合い、協働する力が必要になっている。チームによる支援が必須の状況にある中で、共に支援を行なうチームのメンバーとして、他の教職員との信頼に基づく同僚としての関係性が重要になってきているのである。

３．効率性と教育相談

１）学力をめぐって

　学校教育では、国際学習到達度調査（PISA）や全国学力調査で示されるような子どもたちの学力の問題が重視されるようになっている。また、最近の学習指導要領の改訂（2017・2018）により、学校教育で求められる内容も増え、アクティブ・ラーニングの視点からの学習が求められ、複雑・多様になっている。このような学校教育の改革により、教員の多忙化が指摘され、労働環境の改善が求められるなかで、できるだけさまざまな業務を効率化して、誰でも対応できるようにマニュアル化していこうとする流れがある。

　しかし、他方で教育内容が増えて、多様な学習方法が取り入れられる中で、子どもたちはその流れに付いていけなかったり、戸惑いを感じたりして、心理的なストレスや不安を抱え、フラストレーションが高まり、適応のバランスを崩すことが起こりうる。そういった子どもたちの苦悩に寄り添い、支援していくのが教育相談の機能であるが、そこには効率化という流れにはそぐわない側面が多い。つまり、子どもたちの悩みや不安は多岐にわたり、このように対応したら解決するといったマニュアル的なものはあり得ず、また心の傷つきが癒され、心のエネルギーを回復するには、それなりの時間がかかるものである。子どもの話を聴いて、相談にのり、悩みや課題を解消していくのは、そう簡単にできることではなく、むしろ時間をかけて関わる必要がある場合が多い。

２）個性をめぐって

　さらに、教育を効率的に進めるには、個々の子どもの得手不得手（凸凹）は無視して、平均的に理解し、クラス全体のレベルを上げる方法がとられることが多い。集団からはずれる「異質」なものは排除されたり、無視されたりする「均質性への固執」が強い日本の文化（河合、1999）においては、個性を尊重し、子どものそれぞれの持ち味を活かしていくという発想はもちにくいところがある。しかし、教育相談では、個々の子どもの心に寄り沿って、抱えている課題を理解し、どのように対処していくかを一緒に考えていくものであり、マニュアル的に決められた手順はなく、個々の子どもの心の世界を理解しようとする教員と子どもの対話の中で、対処法は育まれてくるものである。その場の温かな支持的雰囲気や教員のその場で感じた率直な感想の言葉などが子どもの心を動かし、変化させていくこともある。それは予定調和的に生まれるものではなく、その

場の2人の感覚的な世界で作り出されるものであり、個々の子どもの個性に応じて行なわれる作業である。一人ひとり異なる子どもの個性を理解し尊重することは、なかなか難しい作業であるが、そこにこそ子どもに大きな変化をもたらす教育相談の意義、役割があると考えられる。

4．求められる教員の人間力

　今、学校現場で求められている教育は、多様で複雑な課題を抱えた子どもたちに正面から真摯に向き合っていく姿勢であり、教員の人間としての魅力である。教員は、もちろん授業での技術や手法も必要になるが、子どもたちが見ているのは、その授業を通しての教員の人間性であり、生の姿を見ているのである。そこで見え隠れする教員の生の姿が魅力的であることが大切になる。その魅力は、何か優れている、有能であるということではなく、その教員が自分の出来なさ、苦手な部分も引き受けつつ、前向きに自分自身を成長させていこうとする姿であり、総合的な人間力と言えるものである。そしてそのベースには、子どものことが好きであり、無限の可能性を秘めた子どもと付き合っていくことで、教員自身が豊かになっていく、といった相互に成長していく子どもの姿に対する真摯な眼差しを持ち続けることであると考えられる。

第2章 乳幼児期及び児童期の子どもの発達の特徴

┌─ 学びのポイントとキーワード ─

　教育相談や発達相談を行なう上ではその対象である子どもの発達過程についてお
およそ理解しておくことは不可欠である。そこで、本章では、子どもの発達につい
て概観するとともに、保育・教育に関わる者として必要な視点について取り上げる。
ここでは、保育・教育の対象となる乳児期・幼児期・児童期に焦点をあて、認知機
能、社会との関連、で説明される特徴について紹介する。もちろん、あくまで目安
であり、個人差があることを忘れてはならない。
キーワード：身体の発達、認知機能の発達、愛着関係の発達、社会性の発達、
　　　　　　道徳性の発達

第1節　乳幼児期・児童期の発達の特徴

　発達とは人の一生における変化のことを指していう。現在では、生涯発達という視点
が用いられるようになり、出生前から老年期までが発達の対象となっている。人の発達
は、まとまりで捉えられ、胎児期、新生児期、乳児期、幼児期、児童期、青年期、成人
期、老人期などに分けられる。

1．乳幼児期の発達の特徴

1）身体・運動の発達

　出生時、40週満産期出産では、身長は約50cm、体重は約3kgである。1歳の誕生日
頃には身長は出生時の約1.5倍の75cm程度、体重は約3倍の9kgまで成長する。

　運動発達については、新生時期には、自分の意志とは無関係に生じる不随意運動を行
なう。不随意運動には、自発的に生じる未分化な全身運動と外部からの刺激に対して生
じる反射（原始反射）とがある。多くの原始反射は通常数か月の間に順次消失し、大脳
皮質と神経系の成熟を待って他の反応や運動に変化していく。適切な時期に原始反射が
消失し、適切な時期に随意運動が可能になるかどうかは発達診断において重要である。

　運動機能の発達には一般的な原則が2つある。1つは頭部から尾部へ進行するという
ものである。姿勢の運動と移動運動に関するものがそれにあたる。もう1つの原則は中
心部から末梢部へ進行するというものである。積み木の把握操作に関する研究では、生
後16週では積み木に触れることができないが、生後20週ではつかめるようになり、生後
28週には手のひら全体でつかめるようになる。生後36週からは指先を使うようになり、

生後52週には親指と人差し指と中指の３本を使ってつかめるようになる。これは、把握動作が身体の中心部に近い手首から手のひら、指先へと運動の分化が起こっていることを示している。

　幼児期になると、３歳で三輪車に乗れたり、ブランコに立って乗ることができるようになり、４歳では三輪車を上手に乗りこなし、５歳ではブランコを一人でこげるようになる。また３歳でボタンをはずせたり、握り箸で箸が使えるようになり、４歳では洗顔、歯磨き、鼻かみがだいたいできるようになる。５歳からは高度な積み木遊びができたり、図形や文字、数字の模写ができるようになり、児童期からの知的発達に大きく関わってくる。

２）知覚の発達

　出生後すぐの乳児の視力は0.02程度で、６か月で0.2、12か月で1.4というように生後徐々に発達していく。また、乳幼児が意図的に外界を見ているのか、漠然と見ているのかについては、意図的に外界を見ようとしていることが分かっている。また、乳児が単純な図形よりも複雑な図形を好むことも明らかになっている。

　出生後の聴覚能力については、乳児が生まれつき人の発語に敏感であることや母国語への好みがあることもわかっている。さらに、男性よりも女性の声、さらには知らない女性よりも自分の母親の声に反応することもわかっている。

２．児童期の発達の特徴

１）思考の発達

　ピアジェは、思考の発達を感覚運動期、前操作期、具体的操作期、形式的操作期の４つの時期に分けている（表２－１参照）。

　感覚運動期は、０歳から２歳頃までの時期で、身体を使って外界を知る時期である。生後８か月頃にはそこに存在していたものは一時的に見えなくなってもどこかに存在していることがわかるという「物の永続性」の理解が可能となる。

　前操作期は、２歳から７、８歳頃までをさし、この頃には時間をおいて行動を再現できる「延滞模倣」や象徴機能の発達に伴う「象徴あそび（ごっこ遊び）」がみられるようになる。

　もう１つの特徴としては、自己中心性（自己を中心とした思考）の表れとして、生命のないものに生命や意識があると考えるアニミズムや、「太陽が笑っている」とみるような相貌的知覚も認められる。

　児童期（７、８歳から11、12歳頃）になると、具体的操作期とよばれる時期になる。この頃の子どもは、日常生活における経験の多様化と仲間集団との相互作用によって、次第に自己中心性から脱していく。それに伴い、見かけに左右されることなく、保存課

表2−1　ピアジェの思考の発達段階

感覚運動期	0〜2歳
前操作期	2歳〜7、8歳
具体的操作期	7、8歳〜11、12歳
形式的操作期	11、12歳〜

題の解決が可能になる。また、さまざまな大小の要素を小から大または大から小へと配列する系列化の操作や、さまざまな対象をまとめる分類の操作は、この時期の代表的なものである。ただし、この時期の論理的操作は、子どもが直接に扱うことができる実用的な課題や具体的な対象物がある課題場面では有効に働くが、数字や言語、記号などを用いなければならない抽象的な課題場面では困難をともなう。問題解決も試行錯誤的な方法に偏りがちで、仮説をたてて検証するという方法は難しい。

　11歳〜12歳以降の時期は形式的操作期となる。この時期になると、現実にとらわれず、論理的な思考が可能となる。また、問題解決をする際、試行錯誤によらず、仮説をたてて検証する方法を用いることができるようになる。さらに、ある現象を決定している要因について、実験を通して分析し、明らかにすることができるようになるが、これには個人差がある。

２）社会性の発達
（1）友人関係の意義

　小学校低学年の子どもたちは、席や家が近い、やさしいなどの理由で友人を選ぶが、中学年頃になると、気が合う、性格や趣味や意見が一致する、尊敬するなどの理由で友人を選ぶようになり、その傾向は学年があがるにつれて高まっていく。高学年になると、互いに教え合い、助け合うなどの理由も加わり、特定の友人と親密な関係を築くようになる。

　友人関係を通して、子どもは対人関係能力（社会的スキル）を発達させていく。とりわけ、対立や葛藤が生じた時に、どのように解決するかということは重要な経験となる。仲間との受容や拒否という関係を経験することを通して、対人交渉の方法や異なる価値観の理解、感情のコントロールについて学ぶことができる。

　また、友人関係は対等であるため、自分の感情や考えを自由に表現でき、感情を発散させることができる。親からの独立に伴う不安もやわらげることができる。

　さらに、友人からの情緒的・道具的サポートによって、自分の存在価値を確認したり、問題解決の糸口を見つけることもできる。

　社会的比較理論では、人は自分と類似している他者との比較によって、自分自身を評価したいという欲求をもっているとされる。小学校中学年以降になると、仲間との比較

を通して自己評価を行なうようになり、それが自己概念の形成につながっていく。

（2）ギャングエイジ

ギャング集団（ギャングエイジ）とは、子どもの閉鎖的な仲間集団のことであり、小学校中学年から高学年にかけてみられる。この頃の子どもたちは、集団の規則を理解して、集団活動に主体的に関与したり、遊びなどでは自分たちで決まりを作りルールを守るようになる。一方で、親や教員の言うことに反発したがるようになり、親に秘密を作ったり嘘をついたりすることもある。子どもにとっては、大切な成長の過程ではあるが、周囲に流されやすく、歯止めが聞かず行動がエスカレートする場合がある。このようなとき、頭ごなしに叱りつけたり行動を抑制するのは得策ではない。まずは、子どもの主張をしっかり聞き、子どもの変化を冷静に受け止め対応することが求められる。

（3）道徳性の発達

ピアジェは臨床面接法を用いて、子どもの道徳性の発達について検討をしている。それぞれ数種の質問項目や例話から構成されている。

①ゲームの規則

男児が最も楽しんで遊ぶとされるマーブル・ゲームを取り上げ、規則の実践と規則に対する認識について、4歳から13歳の男児20名に以下のような質問を行ない、説明を求めた。

1．ゲームのルールはどのようなものか。
2．ルールを新しく工夫して作ることができるか。
3．新しいルールを用いて遊ぶことができるか。

その結果、次のような段階があるとした。

3〜5歳：ゲーム遊びのルールらしいものはない、あるとしてもそれに固執しない。
5〜6歳：ルールに従う。ルールは大人によって「上から与えられるもの」であり、子どもはいかなる理由があっても変えることができないもの（権威主義的・他律的道徳）。
7〜8歳：ルールは集団活動の統制に意義ある手段であること。どんなルールも変更可能である。
11歳以上：あらゆる可能な状況に対処する新しいルールを作り出すことに興味を持つようになる。

②過失・盗み・嘘

6歳から10歳の子どもに、動機は悪いが損害の程度は小さい事例と、動機は悪くないが損害の程度が大きい2つの事例を提示して、「どちらの子どもも同じように悪いか」「どちらの子どもの方がより悪いと思うか」「なぜそのように思うのか」質問をした。

A：ジャンという小さな男の子が部屋の中にいました。食事に呼ばれたので食堂へ入っていきます。ところが、扉の後ろに椅子があって、その椅子の上にはお盆があって、そのお盆にはコップが15個のせてありました。ジャンは扉の後ろにそんなものがあるとは知らないで扉をあけたので、コップは15個ともみんな壊れてしまいました。

B：アンリという小さな男の子がいました。ある日お母さんの留守に戸棚の中のジャムを食べようとしました。そこで、椅子の上に登って腕をのばしましたが、高すぎてジャムまで届きません。無理にとろうとしたとき、そばにあった1つのコップに触ったので、そのコップは落ちて割れてしまいました。

　その結果、5歳くらいまでは、大きな損害を引き起こしたほうが悪いと答え、行為の善悪を行為の結果（物質的損害の大小）にもとづいて判断することがわかった。

　また、6、7歳くらいからは行為者の意図や動機の悪いほうが悪いと答え、行為者の動機や意図を重視して、行為の善悪を判断することがわかった。

　これらの道徳性の発達を促す要因は、個人の認知的な側面における脱中心化の心理作用であると考えられる、すなわち、他者の観点と自分の観点をはっきりと区別し、お互いの観点の違いを調整させて協働できるようになること、さらには権威者としての大人への一方的な尊敬から同年代の仲間とのお互いの尊敬に基づいた相互作用へと移行することにある。

第2節　愛着の発達

1．人への信頼感の発達

　乳児は、母親をはじめとする特定の親密な個人に焦点化した相互交渉を行ない、それによって親密で継続的な情緒的絆を結ぶ傾向がある。この情緒的な絆を愛着といい、これは対人関係の基礎をなす、発達において非常に重要な感覚である。愛着は、生物学的な基礎に基づいた、人間に本来備わっている基本的な構成要素であるとされている。

2．愛着を形成する要因

　一般に、養育者が子どもの状態や欲求を察知し、子どもの出す信号にタイミングよく

応じると愛着は安定しやすいと考えられている。安定した愛着が形成されるかは、親と子の要因が互いに影響しあう。

　親の側の要因としては、子どもの要求に気づき、応じるなどの子どもの信号に対する敏感さ、育児観、本人の生育史、精神的・物理的にゆとりをもって育児ができるかなどの社会的支援のシステムなどがあげられる。夫婦関係も影響を与える。

　子どもの側の要因としては、子どもの気質、出生時のリスク要因（低出生体重や早期産）、障害の有無などがあげられる。その場合、子どもは養育者の注意をひきつけたり、養育者からの関わりに反応するような行動など、母子間の相互作用を活発にさせる働きが弱くなることもある。

　愛着形成の過程では、見知らぬ人や出来事に遭遇した時に、それをどのように対応したらよいか決める際、養育者の反応を参考にするような社会的参照がみられるようになる。子どもが見ているものや指さししているものに対して母親が、視線をあわせてやりとりしていく中で、やがて子どもが母親と意図や対象を共有することができるようになる。このような視線や指差しを通して相手と意図を共有することを共同注意といい、およそ9か月頃からみられる。言葉の獲得もこの共同注意がベースとなって進んでいくと考えられる。社会的参照や共同注意が観察される頃から、乳児には人とコミュニケーションをするための身振りと指差し行動がみられるようになる。指差しには、何かをみつけて思わず指をさす、二項関係の指差しと、自分が見たものを相手に見てほしくて行なう三項関係の指差しがある。

　二項関係とは、例えば母親が遠くにいる犬を見てほしくて、「あのワンワン見て」とその犬がいる先を指差した時に、母親の指先をじっと見ている場合や、母親と一緒の場合でおもちゃを使って遊んでいる時に、自分とおもちゃとの間で遊びが完結している場合などを指す。三項関係とは、先程の例で言えば、母親が指差した先にいる犬を見ることができ、自分が使っているおもちゃを隣で見ている母親に渡すことなどを指す。図で表すと以下のようになる（図2－1）。

図2－1　二項関係と三項関係のイメージ図

3．愛着の発達段階（表2－2）

　愛着は、母親を代表とする特定の人物（第一愛着対象）との温かい関わりの中で育まれ、ボウルビーによると、およそ3歳ころには、愛着をもとにしたその後の基本的な形であるインターナルワーキングモデルが成立するとされる。ボウルビーはそこに至るまでの愛着の発達を4段階に分けて説明している。

表2－2　ボウルビーによる愛着の発達段階

第1段階：無差別的な社会的応答性の段階（生後2、3か月頃まで） 　この段階の乳児は誰に対しても視線を向け、手を伸ばす。
第2段階：差別的な社会性の段階（～生後7、12か月頃） 　身近な人により多くの反応をして親しみを示す。この頃から人見知りもはじまる。
第3段階：明確で持続性を持った愛着の段階（～生後2、3歳頃） 　愛着対象へ物理的な接近と接触をより求めようとする。養育者を基地として探索活動を行なうようになる。
第4段階：目標修正的なパートナーシップの段階（2、3歳～） 　養育者の目標や、感情・視点を理解するようになる。場面に応じて母親以外の他者を代理の愛着対象（移行対象）とすることができる。

Column｜インターナルワーキングモデル（IWM：Internal Working Models）

　インターナルワーキングモデル（IWM）とは、ボウルビーが提唱した、人間観、社会的スキル、自己の価値観などを含む総合的な概念で、その後の他者─自己関係に対する認識の基礎となる。ボウルビーによれば、発達早期の養育者との相互作用の特質がその後の家族以外の他者との関係の原型になるとしている。そこには重要な2つの特質がある。1つは、こちらが困ったときにサポートを与えてくれるかという他者のイメージ、もう1つは、自分が援助を受けるに値する人物であるかどうかという自己のイメージである。乳幼児期の愛着形成の中で獲得されるこの2つのイメージは、その後の人格形成にも大きな影響を与える。

４．愛着形成における問題

１）マターナルデプリベーション

　ボウルビーは、愛着関係の成立にみられるような母と子の親密で持続的な相互作用の存在が、乳幼児期の発達や精神的健康の基礎であり、このような人間関係が欠けている状態をマターナルデプリベーションと名付けている。このような状況では、子どもの心身発達遅滞に加え、無関心、無感動、強い警戒心、集中力の欠如、攻撃的な行動、情緒不安定、依存的傾向などの特徴がみられる。現在は、母性刺激の欠如や愛着障害の問題として取り上げられるようになっている。

２）愛着障害

　愛着を成立させるような養育者からの働きかけが適切でなかったり、不十分であったり、断ち切られた場合に生じる可能性のある子どもの心身の障害、もしくはその傾向のことを愛着障害とよぶ。その要因としては①母親の不在、またはその後に安定した母親代理の存在の不在、②子どもの障害、③不適切な親子関係などが考えられ、②を除いたものを反応性愛着障害とよぶ。反応性愛着障害を持つ多くの子どもは、その後のさまざまな対人関係において、感情をコントロールする力が乏しい、他者へ共感する力が乏しいなどの特徴から、仲間関係を形成することが難しく、そこで促される発達が阻害される可能性がある。

第3節　言葉・自己の発達

１．言葉の発達

　生後２か月頃から、機嫌のいい時には、クーイングとよばれる声がでるようになる。また、生後６か月頃からは、喃語と呼ばれる「母音＋子音」の声がでるようになる。これらは、言葉を話す前の準備となる。生後１歳くらいになると、ある特定の音声と物とが結びつき、「マンマ」「パパ」など、初めての有意味語である初語がでてくる。その後しばらくは、一つの言葉がさまざまな意味を指す「一語文」でやりとりするようになる。２歳頃になると、「ママ」「きた」など、助詞が抜けた「二語文」を話すようになり、その後急速に語彙を獲得していく。言葉の発達は個人差が大きいことも考慮する必要がある。

　言葉の発達には一応の目安があるので、ある時期になっても言葉が出なかったり、語彙が増えなかったり、発音がしっかりしていなかったり、言葉でのやりとりが続かなかったりすると、周りの大人は心配になるものである。そのような時は、言葉の発達のみに焦点をあてるのではなく、身体の発達や社会性の発達、認知の発達などさまざまな角度

から総合的にとらえることが大切である。

　言葉の育ちについて、今井和子は著書「子どもとことば」の中で次のように述べている。

　　現代の子どもたちのまわりには、テレビやラジオの音、保育室の騒音、大人がイライラして発している言葉など、耳をふさぎたくなるような音であふれていて、「心地よい声」を聴く機会が少なくなっているように感じます。「早くしなさい」、「いけません」などの指示語や否定語が多くなると、言葉を聞きたいという気持ちは薄れてしまうかもしれません。

　「子どもへの指示が通らない」、「子どもが言うことをきかない」ということが、子どもの側の問題として捉えられることがあるが、もしかすると、子どもの周りの言葉環境がそのような状況を引き起こす要因となっているかもしれない。また、子どもの中には、大人の不用意な言葉によって自信を失くしたり、ストレスを生じている子もいるかもしれないということも考えると、大人の発する言葉に対する感性が必要である。

２．自己調整能力の発達

　他者との関わりの中で、自分をコントロールする力のことを「自己調整能力」という。自己調整能力は、「自己主張・実現」と「自己抑制」の２側面で捉えることができる。「自己主張・実現」は、自分の意志や欲求を、他者に表現して主張することであり、「自己抑制」は、自分の欲求を抑えなければいけない場面で抑えることとされている。「自己主張・実現」は３歳から４歳すぎにかけて急速に発達するが、その後横ばいとなり、「自己抑制」は、年齢と共にあがっていく傾向がある。

　ベネッセの東アジア５都市を対象とした幼児の生活アンケートでは、「将来どのような人になってほしいか」というアンケートで、日本では「人に迷惑をかけない」が７割選択されているが、ソウル、北京、上海、台北では10％～16％しか選択されていない。自己調整能力は、主張する心も、抑制する心も大切であり、子どもの主張する心を抑えて抑制することに重点を置きすぎてはいないか、今一度問い直す時かもしれない。

第3章　校内組織における教育相談の位置づけ

第1節　校内組織における教育相談の位置づけ－基本的な考え方

　この章では、校内組織の中での教育相談の位置づけについて、就学前教育（保育所・幼稚園・認定こども園）と小学校を主な対象に考えたい。

1．保育所での教育相談に向けた組織的対応

　「保育所保育指針」（厚生労働省、2017）では、保育所は「入所する子どもの保護者に対する支援及び地域の子育て家庭に対する支援等を行なう役割」（p.2）があるとされている。また、指導計画を展開する際に、「施設長、保育士など、全教職員による適切な役割分担と協力体制を整えること。」（p.11）とも書かれている。

　「保育所保育指針解説」（厚生労働省、2018）では、「保護者・家庭及び地域と連携した子育て支援の必要性」を取り上げている。「多様化する保育ニーズに応じた保育や、特別なニーズを有する家庭への支援、児童虐待の発生予防及び発生時の迅速かつ的確な対応など、保育所の担う子育て支援の役割は、より重要性を増している。また、子ども・子育て支援新制度の施行等を背景に、保育所には、保護者と連携して子どもの育ちを支えるという視点をもち、子どもの育ちを保護者と共に喜び合うことを重視して支援を行なうとともに、地域で子育て支援に携わる他の機関や団体などさまざまな社会資源との連携や協働を強めていくことが求められている。」（p.6）と書かれている。さらに、「保育に当たる職員も、保育士をはじめさまざまな職種や勤務体制の者で構成されている。こうした状況を踏まえ、保育所全体として一貫性をもって子どもの発達過程を見通しながら保育を体系的に構成し、全職員の共通認識の下、計画性をもって保育を展開していくことが重要である。」（p.49）とも述べられている。

　保護者や地域の子育て家庭に対する支援を行なうために全教職員による適切な役割分担と協力体制が求められている。また、外部機関と連携して子どもを支えるという視点をもちながら保育を体系的に構成し全職員の共通認識の下、計画性をもって保育を展開

していくことが求められている。そのためには、保育所内で組織的な教育相談体制が欠かせない。

２．幼稚園での教育相談に向けた組織的対応

　学校教育法第二四条で、「幼稚園においては、（中略）幼児期の教育に関する各般の問題につき、保護者及び地域住民その他の関係者からの相談に応じ、必要な情報の提供及び助言を行なうなど、家庭及び地域における幼児期の教育の支援に努めるものとする。」と定められている。「幼稚園教育要領」（文部科学省、2017）に「教育相談」という用語は見当たらないが、「第３章　教育課程に係る教育時間の終了後等に行なう教育活動などの留意事項」に「幼稚園の運営に当たっては、子育ての支援のために保護者や地域の人々に機能や施設を開放して、園内体制の整備や関係機関との連携及び協力に配慮しつつ、幼児期の教育に関する相談に応じたり、情報を提供したり、幼児と保護者との登園を受け入れたり、保護者同士の交流の機会を提供したりするなど、地域における幼児期の教育のセンターとしての役割を果たすよう努めること。」（p.19）とあり、「教育相談」に相当する「教育に関する相談」という表現が出てくる。

　また、「幼稚園教育要領解説」（文部科学省、2018、p.112）では、「幼稚園の教職員全員による協力体制を築き、教職員の誰もが、園児全員の顔や性格などが分かるように努めることが大切である。そして、幼児や保護者とのコミュニケーションを図り、一人一人の幼児に常に適切な援助ができるようにすることが重要である。」と書かれている。

　幼稚園においても保護者及び地域住民その他の関係者からの相談に応じて、家庭及び地域おける幼児期の教育の支援に努めたり、幼児や保護者とのコミュニケーションを図り、一人一人の幼児に常に適切な援助ができるようにしたりすることが求められており、その活動を効果的に進めていくためには、園内に組織的な教育相談体制を構築していくことが重要である。

３．認定こども園における組織的対応

　認定こども園は「幼保連携型認定こども園教育・保育要領」（文部科学省、2017）を法的根拠として運営されており、「幼保連携型こども園教育保育要領」（文部科学省、2017）は、３歳以上児は「幼稚園教育要領」（文部科学省、2017）、３歳以下児については「保育所保育指針」（厚生労働省、2017）に基づいている。したがって、園内に組織的な教育相談体制を構築することは、保育園及び幼稚園と同様に求められていると考えられる。

4．障害のある子どもに対する組織的対応

　文部科学省が2014年に始めた「早期からの教育相談・支援体制構築事業」は、「障害
のある子ども（特別な支援が必要となる可能性のある子どもを含む。以下「子ども」と
いう。）及びその保護者に対し、各市町村が早期から情報の提供や相談会の実施等に取
り組み、柔軟できめ細やかな対応ができる一貫した支援体制を構築するとともに、各都
道府県は、市町村の取り組みや体制の構築を総合的に支援するものである。」その実施
方法については、「就学期における個別の教育支援計画の作成に当たっては、本人・保
護者・幼稚園等も加えて、医学、心理学等の専門家の意見を聞く。」「市町村教育委員会
は、幼稚園等を通じて子育て支援・教育関係の情報を提供するほか、さまざまな機会に
おいて相談会を開催するなど相談体制を構築する。」「市町村教育委員会は、専門家等に
よる巡回相談を実施し、幼稚園教職員等への指導・助言・理解啓発や保護者からの相談
を行なう。」とされている。こうした事業の中でも、就学前教育機関が、組織的な教育
相談体制をもつことが求められているといえよう。

5．小学校における教育相談に向けた組織的対応

　「生徒指導提要」（文部科学省、2010）では、「教育相談は、生徒指導の一環として位
置付けられるものであり、その中心的な役割を担うものといえます。」(p.92) と捉えら
れており、「教育相談の組織」について、「全校を挙げて、教育相談を効果的に推進する
ためには、その中心となって連絡や調整等を行なう部・係・委員会等の組織が必要であ
り、組織内の分掌として、その役割と責任を明確にして、相互の関連が十分に図られる
ようにすることが必要です。」(p.95) と書かれている。教育相談担当教員がコーディネー
ターとなり、全校を挙げて教育相談を効果的に推進する組織が必要であることやその組
織には養護教諭だけでなくスクールカウンセラー（以下、SCと略す）やスクールソーシャ
ルワーカーも含まれ、大きな役割を果たすことが期待されている。

　中・大規模の学校（児童生徒数600名前後）の場合を想定した生徒指導の学校教育に
おける位置づけは図3-1のようにまとめられる。教育相談が校内組織の中にあって、
組織的に位置付けられていることが理解できる。

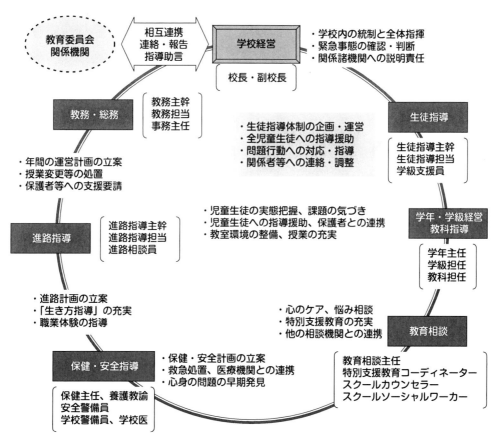

図3-1　生徒指導の学校教育活動における位置付け

〔出典：生徒指導提要（2010）教育図書、p.78〕

Column｜スクールソーシャルワーカー

　図3－1に記載されているスクールソーシャルワーカーは、2008年に文部科学省が「スクールソーシャルワーカー活用事業」を始めたことで学校現場に広く配置されるようになった専門家である。「スクールソーシャルワーカー活用事業（文部科学省、2008）」によれば、いじめ、不登校、暴力行為、児童虐待など、子どもの問題行動の背景には、子どもの心の問題だけではなく、家庭、友人関係、地域、学校等の児童生徒が置かれている環境の問題が複雑に絡み合っているものと考えられる。したがって、児童生徒が置かれているさまざまな環境に着目して働き掛けることができる人材や、学校内あるいは学校の枠を越えて、関係機関等との連携をより一層強化し、問題を抱える児童生徒の課題解決を図るためのコーディネーター的な存在が、教育現場において求められている。教育分野に関する知識に加えて、社会福祉等の専門的な知識や技術を有するスクールソーシャルワーカーを活用し、問題を抱えた児童生徒に対し、当該児童生徒が置かれた環境へ働き掛けたり、関係機関等とのネットワークを活用したりするなど、多様な支援方法を用いて、課題解決への対応を図っていく役割をもつのがスクールソーシャルワーカーである。

　スクールソーシャルワーカーは、次のような業務を行なう。

1　関係機関等とのネットワークの構築、連携・調整
2　学校内におけるチーム体制の構築、支援
3　保護者、教職員等に対する支援・相談・情報提供
4　教職員等への研修活動　等

第2節　組織的に行なう教育相談の特徴

1．幼児教育において

　幼児教育において行なわれる教育相談の内容について、小林（2001）は3つにわけて、概略、以下のように説明している。

1）「性格・情緒に関する相談」

　いらだちやすさ、臆病さ、怒りっぽさといった新生児期から既に見られる気質的特徴が数年間持続することがわかっており、活発で注意の持続ができない子どもの場合に、母親のストレスが高くなる。子どもの性格特性を正確に説明することが必要である。定期的な相談によって母親の育児に対する不安が低減し、むしろ効力感を高める。

2）「発達に関する相談」

　発達に関して心配を持っている母親の多くは、既に何らかの機関で子どもの発達の遅れや偏りについて指摘を受けたり、相談を受けたりした経験を持っている。「もう少し様子を見ましょう」と言われるだけで、具体的な指導がなく、不安になる母親もいる。医療機関との連携の可能性も含めて、専門の相談員による相談や巡回相談が必要である。

3）「しつけ・家庭教育に関する相談」

　しつけの問題は、情緒面の課題と密接に関わっている。睡眠・排泄・食事といった基本的な生活習慣に関わって、不適切な行動に注目してそれを強化してしまわないことが基本的な対応策である。発達の様子を周りの大人が理解していないと年齢以上の期待をしてしまうこともある。発達の個人内差を理解することが必要である。

　2つ目の「発達に関する相談」については、近年発達障害の疑いや診断をもつ子どもの増加が見られ、早期からの適切な関わりを始める上で、就学前からの支援が必要である。保護者が子どもの発達課題を認め、早期から支援を受けられるようになるには、幼児教育に関わる教職員が保護者を支え続け、保護者のまだ声にならない訴えまでも傾聴する姿勢を身につけることが望まれる。保護者としては、発達に関わる心配を直接話したり相談したりすることに難しさを感じることが多い。幼児教育における教育相談の実施場面について、結城（2018）は、「幼稚園等においては、送迎時等に保護者と子どもの様子については情報交換が行なわれており、問題が大きくなる（問題解決型の教育相談）前に、日常的に相談は行なわれている（予防的・開発的な教育相談）。現場ではそれに関してあえて『教育相談を行なっている』という意識は薄いかもしれないが、これも幼稚園等の就学前施設における教育相談の一つの特色として捉えることはできる。」と書いている。この指摘にあるように、普段の何気ない出会いや会話から教育相談が始まっていることに注意したい。

2．小学校において

　武内・山田・山﨑（2010）によると、小学校において教育相談の対象になる児童は、「幼児期心性を残した低学年から、児童期らしい中学年、同時にプレ思春期に入る中学年、思春期に入る高学年といった具合に発達段階の幅が広く、問題もさまざま」であり、具体的に以下のような特徴があげられるとされている。

　低学年は、発達的な課題が目立つことが多い。授業中座っていられない、突然で周りのことを配慮していない衝動的な発言が多い、忘れ物が多いなどが目立つ。また、給食が決められた時間内に食べられないことや友だちとうまく関われないこともある。一方、保護者の子どもとの心理的な分離の課題が明らかになることもある。低学年児童の不登

校が、実は保護者が子どもと離れる不安の大きさが影響していることもある。これまでの子育ての不安から、子どもの学校での様子を気にするあまり、学級担任への厳しい要求や対応となることもある。低学年児童の教育相談は、子どもの話にも耳を傾けながら、保護者の不安を上手に受け止める比重が高い。学級担任が保護者の子育ての不安を理解し、学校が安心できる場であることを保護者にとっては最も身近な教職員である学級担任が適度に伝え続けることが肝要である。どのような保護者にとっても、子どもが学校に行き始めることは不安が高くなる経験である。保護者にとっても学校との初めての出会いは緊張する。第二子以降の場合は、それまでの学校との出会いによって学校に対して特定の思いがある場合もある。低学年担当の学級担任、とりわけ1年生担当の学級担任はそうした子どもと保護者の背景を共感的によく理解して子どもと保護者を受け止める教育相談的態度を身に付けたい。

　中学年児童は、友だちと自分が異なる価値観をもっていることに気付くようになる。友だちの気持ちを理解できるようになる一方で、自分が友だちと違うことに気づくことから劣等感をもちやすい。また、ギャングエイジと言われるように友だち関係でいじめなどの問題も生じやすくなる。学習内容も難しくなってきて、学校や学級の中での居場所をもちにくく感じる子どももいる。自分の課題を言葉で話せる児童もいれば、それが難しい児童もいる。児童に関わる教員は、学習の遅れが大きくならないように手立てを講じたり、遊びなどを通しても児童を理解し関わるようにしたりすることが必要である。

　高学年児童は、児童によっては思春期に入る。友だち関係に加えて教員との関係に悩む児童も出てくる。また、暴力や家出などの非行が取り上げられるようになったり、精神的な病や自傷行為が見られるようになったりもする。関わる教員は、学校内の教育相談組織だけではなく、医療機関、警察などの司法機関、児童相談所などの福祉機関など外部の専門機関との連携を十分に機能させる必要がある。また、場合によっては進学先の中学校との連携を行ない、早い時期から授業参観を中学校教員にしてもらったり、小学校教員と中学校教員が組織的に懇談の機会をもったりして中学校進学後の支援に円滑につなげることも視野に入れる必要がある。

第3節　教育相談体制を効果的に機能させるために

1. 教育相談体制を機能させるための研修について

　教育相談は、教員が普段の教育活動の中で個々の子どもと寄り添い、向き合うことによって行なわれる。そのため、教育相談が効果的に機能するためには、個々の教員が主体的、自発的に関わっていく意識を高める必要がある。教育相談に関わる教員個人が自信をもって教育相談に関われるように力量を高めることも必要である。

　そこで大切になるのが研修である。教員が参加する研修には、教育センターや校内組織などが企画運営するパブリックな研修、校内で実際に仕事をしながら学校管理職や先輩、同僚などから学ぶOJT（On the Job Training）、個々の教員が自分の興味関心に合わせてセミナーを受講したり、書物を読んだりして学ぶプライベートな研修にわかれる。組織的で効果的な教育相談体制を機能させるには、個々の教員が教育相談に主体的、自発的に関わり、その力量を高めるには、どの研修形態も欠かせない。

　小学校においては、受容的態度や共感的理解を身につけることを目指した体験的な研修、発達的な理解を深める研修、アセスメントやストレスマネージメント、アンガーマネージメント、ソーシャルスキルトレーニングに関する研修などが行なわれることが多い。なかには事例検討会を研修と位置付けて行なう学校もある。

　幼児教育においては、就学相談の関係で研修会の内容としては発達的なテーマに関心が高い。普段の子どもたちとの関わりから子どもたちの成長を支えることを目的とした矢野・三木（2018；2019）が行なっている「子どものまだ言葉にならないところをすくい取り丁寧に応答する」1日の振り返り活動を素材にした一連の研修は、幼児教育における教育相談の研修を考える上で先進的で示唆に富んだ取り組みである。このような理論的かつ実践的な知見に基づいた研修の取り組みを探して参加していくことは、研修を

Column | 教育センター

　都道府県市町村等の教育研究所や教育センターの連合体である全国教育研究所連盟（全国教育研究所連盟、2020）によれば、2020年6月1日現在で全国に教育研究所や教育センターは171施設あり、そのうち大学などが設置しているものを除く、国・都道府県・政令市・市区・郡町村が設置しているものは139施設である。

　それらは、教育センター、あるいは総合教育センターと称する施設が多い。教育に関する専門的研究を行なう教育研究事業、子どもの成長や発達に関する教育相談事業、教職員研修事業などを行なう行政機関であり、都道府県あるいは市町村教育委員会に属している。

　多くの教員にとっては、初任者研修から始まる各種研修の折に訪れる機関であり、担当する子どもの教育相談で連携する外部専門機関の一つでもある。

　教育センターでは、教員のライフステージに合わせた系統的な研修や教育現場の必要に合わせた質の高い研修を企画・運営している。教員は、参加が求められる研修だけではなく、各自の必要に合わせて積極的に研修に参加することが望まれるが、教育現場の多忙化や研修による出張で抜ける授業の代講要員の不足などにより、教員がいつでも自由に研修受講ができるとは限らない。オンラインによる研修や学校現場に出向いて行なう研修など教員が参加しやすい方法が工夫されている。

行なう組織としても個人としても大切なことである。

2．教育相談の力量のある教員を中心とした教育相談体制

　教育相談に指導的な立場の教員が校内にいる場合、その教員をモデルにして育つ若手教員が生まれてくる。また、校内での研修も充実したものになる。校内全体での教育相談に対する意識も高まり、うまくいった事例の様子が情報共有されやすくなる。また、困っている子どもの状態を理解し援助する方向性が組織的に共有されることから校内での教育相談の価値が高まる。個々の教員が教育相談の力量を高めるようになり、子どもたちとの関わりの質が全体的に向上する。子どもたちの成長を促進させる環境が学校に整いやすくなる。教員が子どもたちの変化に気づきやすくなる。そのような環境は、さまざまな教員から教育相談に関わる情報が教育相談コーディネーターなど教育相談担当者に早い時期から集まりやすくなるというよい循環につながる。

　教育相談の力量が高い教員が個々に活動するだけではなく、そうした教員が教育相談活動の中心になりながら、組織的に教育相談活動を進めていくことには利点がある。小学校における別室登校を対象にした研究（奥澤・中川・小泉、2018）では（図3－2）、支援を受ける児童の情報を多方面から収集し、支援に活かす場合、「支援の流れは大きく2つに分類できることがわかった。」「1つ目は、教職員が情報を得た後の対応や保護者や関係機関との連携、別室登校児童に対する直接的支援まですべて個々で判断し、進めていく個々の教職員による流れ」である。この流れでは、教育相談の力量のある教員が個々に教育相談活動を行なうが、「即時に対応できる利点はあるが、見立てや支援内容の決定が教職員個々に委ねられることが多く、裁量をもつ教職員の負担感につながる。」とされている。一方、「2つ目は校内のシステムにつなげ、他の教職員と連携を図っていく組織的な流れ」である。この組織的な教育相談体制が機能する方法では、「教職員間の連携意識を向上させることができる。」「組織的な判断を導きやすくなる。この流れは、校内の教職員の多くの支援が期待できるという利点があろう。」とされている。このように、教育相談に力量のある教員がいたとしても、校内で組織的な教育相談体制が機能していることが教員の負担感の軽減や教員間の連携意識の向上、校内での多方面からの支援を得ることに関係する。教員一人で理解を進め関わっていくことが困難な背景をもつ事例が増えている中、まず組織的な教育相談体制をもつことが、教育相談を効果的に進めるのに不可欠であると言える。

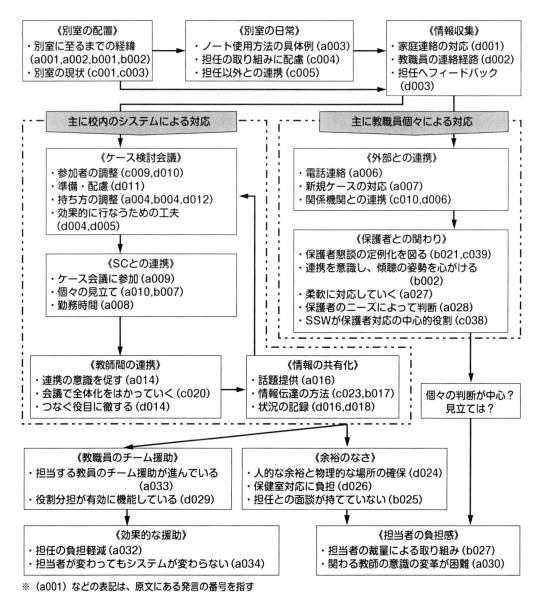

図3－2　児童の教室復帰に向けた効果的な「別室」運営に関わる関連図

〔出典：奥澤嘉久、中川靖彦、小泉隆平（2018）児童の教室復帰に向けた効果的な別室運営－小学校教職員と別室担当教職員に対する半構造化面接の分析から－、*近畿大学心理臨床・教育相談センター紀要 第3号*、pp.19-30〕

3．効果的に機能するための管理職の役割

　教育相談体制が効果的に機能するためには、学校管理職の働きも欠かせない。「生徒指導提要」（文部科学省、2010、p.116）では、学校管理職の教育相談的役割について、次のように書かれている。「校長、教頭（副校長）など学校管理職は、教育相談を学校

運営の中に位置付けるとともに、教員がさまざまな環境の中で育つ児童生徒の心をしっかりと受け止め、学習指導と生徒指導の両面において適切な指導と援助を行なっていくことができるよう、環境の整備や教員への指導・助言を行なう必要があります。また、管理職ならではの児童生徒への指導や援助が功を奏することも少なくありません。他方、学級担任・ホームルーム担任が保護者との関係に行き詰まった場合、両者の間に入って関係調整を図り協力関係の形成を側面から支援する役割や、児童生徒が安全で心豊かに育つために地域住民へ向けて学校の教育姿勢を発信し、協力を求める役割もあります。」このように、管理職のリーダーシップのもとで、校内の教育相談体制が大切なものとして機能し、その効果性が検証されているべきである。

４．校内組織における教育相談の位置づけと教員一人ひとりの働き方

　いうまでもないことであるが、教育相談活動は、教員の心を使って行なわれている。教員が子どもたち一人ひとりと寄り添い、向き合い、関わっていくためには教員が日々業務に忙殺されていてはならない。心にゆとりがない教員が行なえるのは、せいぜい子どもたちの心から現れる言動を表面的に記述することだけである。それでは、子どもたちの抱える課題は先送りされるだけである。課題が大きな問題になってからでは遅い。子どもたちの心に寄り添い、向き合い、関わっていくためには、教員の心が子どもの心の動きを感じとり、さまざまな観点から思考力を働かせる余裕が必要である。教育相談に関わる教員、つまり全ての教員について生徒指導提要（文部科学省、2010、p.94）には次のように明確に書かれている。「教育相談の体制づくりの前提として、教員が児童生徒一人一人と向き合うことが可能となるような時間の確保とそのための条件整備が求められます。条件整備のためには、教員の勤務体制の改善や校務運営の見直し、事務的作業に要する業務量の削減や多忙感の軽減とゆとりの確保などを行なっていく必要があります。」

　子どもたち一人ひとりを大切にし、その成長を見守る教育機関で働く教員がいつも忙しく心身が消耗している状況では、組織的な教育相談活動は効果的に機能しない。教育相談機能が効果的に働いている学校は、そこで働く教員にとっても自分が大切にされていることや自分の成長を感じられる居場所になっているに違いない。教員一人ひとりがその喜びを実感として感じ、それが同僚にも伝わる協働する組織を目指したい。そして、その教員の喜びが子どもたちに生きる喜びとして伝わっていく教育相談体制を目指したい。

第4章　子どもを多面的に理解しようとすること

第1節　他者を理解することの難しさ

1．教育相談における子ども理解の意義と役割

　「生徒指導提要」（2010）において「教育相談とは、児童生徒それぞれの発達に即して、好ましい人間関係を育て、生活によく適応させ、自己理解を深めさせ、人格の成長への援助をはかるもの」であると定義されている。教育相談を展開していくには、子どもを理解することの意義と役割をふまえることが欠かせない。

　まず、子ども理解とはどのようなことであるのか。生徒指導提要では「児童生徒理解においては、児童生徒を多面的・総合的に理解していくことが重要であり（中略）児童生徒理解は、一人一人の児童生徒を客観的かつ総合的に認識することが第一歩であり、日ごろから一人一人の言葉に耳を傾け、その気持ちを敏感に感じ取ろうという姿勢が重要です。」と記述されている。さらに、児童生徒理解の基本として、児童生徒理解に求められる姿勢について「教科指導においても生徒指導においてもその他のどのような教育活動においても、教育実践が成果を上げるための大前提の一つは児童生徒理解です。（中略）ところが、児童生徒一人一人を理解しようとするときに、最も困難な問題は、児童生徒がすべて個性的な存在であるということです。それぞれ独自の特徴を持ち、一人として同じ者はいません。すべての人の人格はその個性の上に成り立っています。生徒指導において、それぞれの児童生徒の人格を望ましい方向に形成させようとするときにも、それぞれの個性を活かし、個人の持つ特徴に従って進められなければなりません。このためには、児童生徒の持つそれぞれの特徴や傾向をよく理解し、把握すること、言い換えれば、児童生徒理解が不可欠なのです。児童生徒をよく理解することによって、長所や短所もはっきりすることになり、また、いつ、どのような方法によって指導するのが最も効果的であるかということも明らかになるといえます。」とある。

　また、『幼児理解に基づいた評価』（2019）において「幼児期にふさわしい教育を行なう際にまず必要なことは、一人一人の幼児に対する理解を深めることです。（中略）す

なわち、幼児を理解することが保育の出発点となり、そこから、一人一人の幼児の発達を着実に促す保育が生み出されてくるのです。」とされている。

　これらで記述されている通り、子ども理解が保育・教育実践の基本であることがわかる。また、子どもを理解することが、より効果的な保育・教育実践を展開していくことにつながる役割を果たす。

2．他者理解は可能であるのか

　ところで、他者を理解することは可能であるのか。この問いに対しては、やはりかぎりなく不可能に近い。

　みなさんは、周囲にいる他者を理解していると言えるだろうか。まわりの友達や家族を思い浮かべてほしい。理解できているようで、理解できていないのではないだろうか。「あの人はなんであんな言動をするのだろうか」と、理解に苦しむ場面にでくわすことがある。

　また、友達や家族に自分のことを理解してもらえていないと思うこともあるだろう。「なんで自分の意見や考えをまわりの人はわかってくれないのだろう」というようなもどかしい経験をしたことがあるのではないだろうか。

　こうなってくると他者を理解することの難しさに気付く。やはり他者を理解することは、かぎりなく不可能に近いのである。

3．他者理解のワーク

　ここでひとつのワークに取り組んでほしい。

ワーク「○○さんってどんな人」

手順1、まずは、友達同士（知らない人同士ではだめです）で2人1組になってください。AさんとBさんとします。Aさんは、「自分ってこんな人」という観点で、3つほど自分を表す文章をワークシートに記述してください。Bさんは、ワークシートに、Aさんはこんな人かなと考えながら「Aさんはこんな人」であるということばを、3つほど箇条書きで記述してみましょう。（5分間程度）

手順2、AさんとBさんそれぞれが記入し終えたら、Bさんは、ワークシートに記述した3つのことばをAさんに発表してみましょう。

手順3、発表を聴いたAさんは、自分自身が書いた3つの自分を表すことばを発表しましょう。さて、Bさんが書いて発表したものとAさん自身が書いて発表したものが、あてはまるのかどうかを確認してみましょう。

ワークシート（Aさん用）「わたしってこんな人」

ワークシート（Bさん用）「Aさんってこんな人かな」

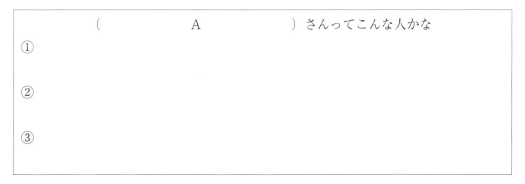

　このワークを終えてみていかがでしたか。まだまだ、お互いに理解しあえていなかった部分があったのではないでしょうか。それでも、お互いに理解しようとする姿勢が大切です。

4．子どもの実態把握の難しさと大切さ

　子どもを理解しようとする際に、よく言われるのが、子どもの実態を把握することである。それでは、そもそも子どもの実態はどこにあるのだろうか。子どもの実態は、子ども自身の中にだけあるのではなく、これに加えて、子どもと関わる他者のあいだにもある。つまり子どもと関わる他者の数だけのあいだがあり、これらのすべてが実態となる。
　図4－1からてつしくんの実態について考えてみたい。てつしくんのまわりには、複数の他者の存在がある。それは、保育者・父・母・祖父・祖母・きょうだい・友達、である。てつしくんはこんな子どもであると捉えようとするときには、てつしくんを捉えると同時に、てつしくんと関わる他者のあいだすべてを把握しなくてはならない。この図からも、やはり他者理解の難しさがわかる。つまり、保育者からみたてつしくんの実態は、あくまで、てつしくんの一部分にすぎない。

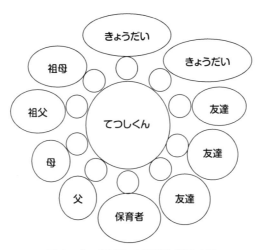

図4－1　子どもの実態を把握する

　図4－1の中心にあるてつしくんを、みなさん自身に置き換えてほしい。みなさんも、これまで出会ってきた方々にさまざまな表情をみせていたのではないだろうか。こうなってくると、一体どれが本当の自分なのかと考えてしまう。もちろん、すべてが本当の自分なのである。

　これらをふまえて、子どもを理解しようとすると、保育者として仕事をする際に、日々の保育が少し楽になる。保育者を目指す学生の中には、子どものことが理解できないので、保育に向いていないのではないかと思っている学生もいるだろう。このような学生は「子どもは理解できないものである」と最初から知っておくとよい。だからと言って、子どもを理解しなくてよいのではなく、子どもを理解しようとすることを大切にしてほしい。

　子どもを理解しようとすることが大切である。子ども理解が不可能でありながら、子どもを理解しようとするという矛盾がある。子どもを理解することと子どもを理解しようとすることは異なる。保育者をめざすみなさんには、子どもを理解することができないことをわかったうえで、子どもを理解しようとすることに挑んでほしい。

第2節　子どもを多面的に理解しようとするための視点

1．子どもをみるときの留意点

1）よくみる
　子どもをよくみることで、ふだんの子どもの様子を把握できる。これによって、小さな変化に気付くことが可能である。また、子どものさまざまな一面に気付くことができ

る。子どもの育ちがみえてくるので、いまの課題がわかる。保育者として、その子どもにつけたい力がはっきりしてくる。これによって保育のねらいが明確になり、子どもに経験してほしい内容を保育実践に反映できる。

2）よいところをみる

　よいところをみる際には、子どものできることをみがちである。できることとできないことは、それぞれの子どもで異なる。できないことに懸命にチャレンジする姿勢も、その子どものよいところであると認めてほしい。自分のよいところに気付いていない子どももいる。保育者が子どものよいところを、伝えてあげてほしい。

　文部科学省（2018）は、「幼児を理解するとは、一人一人の幼児と直接に触れ合いながら、幼児の言動や表情から、思いや考えなどを理解しかつ受け止め、その幼児のよさや可能性などを理解しようとすることである」としている。よさや可能性などを理解しようとすることが、保育者には求められている。

3）子どもの発達に対する捉え方を意識する

　厚生労働省（2018）は「子どもの発達を、環境との相互作用を通して資質・能力が育まれていく過程として捉えている。すなわち、ある時点で何かが『できる、できない』といったことで発達を見ようとする画一的な捉え方ではなく、それぞれの子どもの育ちゆく過程の全体を大切にしようとする考え方である。そのため、『発達過程』という語を用いている」としている。

　また「発達には、ある程度の順序性や方向性がある。また、身体・運動・情緒・認知・社会性などさまざまな側面が、相互に関連しながら総合的に発達していくものである。一方で、実際の子どもの育ちの姿は直線的なものではなく、行きつ戻りつしながら、時には停滞しているように見えたり、ある時急速に伸びを示したりといった様相が見られる。また、それぞれの個性や生活における経験などの違いによって、同じ月齢・年齢の子どもであっても、環境の受け止め方や環境への関わり方、興味や関心の対象は異なる。言葉の習得は比較的早いが運動面の発達はゆっくりとしているといったように、発達の側面によって一人の子どもの内にも違いがある。こうした乳幼児期の発達の特性や道筋を理解するとともに、一人一人の子どもの発達過程と個人差に配慮し、育ちについて見通しを持ちながら、実態に即して保育を行なうことが求められる」としている。

　文部科学省（2018）は、発達について「人は生まれながらにして、自然に成長していく力と同時に、周囲の環境に対して自分から能動的に働き掛けようとする力を持っている。自然な心身の成長に伴い、人がこのように能動性を発揮して環境と関わり合う中で、生活に必要な能力や態度などを獲得していく過程」としている。

　これらで示されている子どもの発達に対する捉え方を意識することが重要である。こ

れをふまえて、それぞれの年齢における発達水準を知っておいてほしい。

4）障がいの有無

　障がいのある子どもとない子どもとを同じ視点でみるのは適切でない。障がいのある子どもとない子どもでは保育者の支援方法が異なるからだ。障がいのある子どもに対しては、その子どもにあった支援方法が必要である。これには、一人ひとりの障がいそのものへの理解が欠かせない。他者理解とは違い、障がいそのものへの理解は可能である。ただ、障がいのある子どもの障がい種別そのものを一律的にみるのではない。同じ障がい種であっても、障がいの程度によって違いがあることを知っておいてほしい。

2．子どもの視点に沿った理解

1）子どもの興味・関心

　子どもが今一番何に興味・関心を抱いているのかに、目をむけることが大事である。これをきっかけに子どもとの関わりができあがってくる。子どもの興味・関心に合わせて、保育を展開していくことで、子どもの新たな姿を発見できる。子どもの興味・関心は、時が経つにつれて変化することも忘れてはならない。

2）子どもの視点に立つ

　保育者が、子どもの視点に立つことが大事である。子どもの視点から、どうしてできないのか、どうすればできるようになるのかという視点である。大人からすると当たり前だと思っていることも、子どもからすれば、まだまだであるというようなことであるのかもしれない。大人の視点からみていると、子どものつまずきに気付きにくい。

3）子どもの内面をみる

　子どもの言動には、さまざまな理由がある。その理由を深く掘り下げて、考えてほしい。子どもの内面にせまることで、子どもの思いに気付くことができる。たとえば「一人であそんでいるから大丈夫」という子どもがいたとしよう。このまま受け取れば、一人であそんでいたいのかもしれない。一方で、友達とあそびたい思いを持ちながら、どうすれば友達とうまくあそべるのかということに葛藤しているかもしれない。子どものことばを保育者がいかに解釈するのかで、子どもへの関わりが違ってくる。

4）他の子どもと比べず一人の子どもとして捉える

　子どもを理解しようとするときに、無意識のうちに、他の子どもと比べてしまっている。すると他の子どもはできるのに、なぜこの子どもはできないのだろうかや、他の子

どもとこの子どもは違うという視点に、気付かないうちに陥る。他の子どもと比べていないだろうかと意識して、一人の子どもとして、捉えるように心がけたい。

5）子ども同士の関係性の中で捉える

　子ども同士の関係性の中で、子どもの立ち位置が違ってくる。子どものあそびをみていると、仲良しの友達同士や異年齢での集団やあまり知らない友達同士というような集団の違いによって、そこでのそれぞれのふるまいが異なる。また、子ども同士の関係性そのものも、状況によって変化することを意識してほしい。

3．より深く子どもを理解するために

1）時間の経過を意識する

　保育所・幼稚園・こども園では、子どもたちは長い時間を過ごす。ここでは、1日・1週間・1か月・1年というようなスパンで子どもの育ちをみていく必要がある。1日の中でも朝の様子から昼の様子というように常に表情やふるまいが変化している。このように変化していくものであることを、おさえて関わる必要がある。

2）非言語的メッセージを読み取る

　子どもは、さまざまなことを自身のことばで伝えてくる。一方で、ことばでは伝えることをしない子どもやことばで伝えることができない子どもがいる。保育者は、子どもの非言語的メッセージである表情・身振り・手振りから、子どもが伝えようとしていることを読み取る必要がある。

3）みる人によってみえ方が異なる

　第1節の図4－1を思いだしてほしい。ここでは、同じ子どもをみるとしても、みる人によって、みえ方が異なっていることがわかる。これを知っておくと、保育実践において、非常に有効である。例えば、ある子どもの支援について考える際に、複数の保育者の視点を合わせることで、さまざまな支援方法を見出すことができるからである。

4）家庭での育ちをふまえる

　どのような家庭環境で、子どもが育てられてきたのかをふまえるという視点を持つことが重要である。家庭環境は子どもの育ちに大きく影響する。厚生労働省（2018）は家庭との連携について「保育所における保育は、保護者と共に子どもを育てる営みであり、子どもの一日を通した生活を視野に入れ、保護者の気持ちに寄り添いながら家庭との連携を密にして行なわれなければならない。保育において、乳幼児期の子どもの育ちを支

えるとともに、保護者の養育する姿勢や力が発揮されるよう、保育所の特性を活かした支援が求められる」としている。これをふまえると、よりよい家庭環境となるように保育者が保護者に対して支援を行なうことが大切である。

第3節　子どもを理解しようとするための事例検討

1．エピソード記述について

　子どもを理解しようとするためには、日々の保育実践を記述することが有効である。ここでは、エピソード記述について紹介したい。エピソード記述の詳細については鯨岡（2005・2018）を参照されたい。

　エピソードを記述することの意義について3点を示す。一点目が、保育実践を振り返ることができる。二点目が、他の保育者と保育実践を共有することができる。三点目は、自身の思いを表現できない子どもの思いを代わりに表現することができる。

2．事例検討Ⅰ：給食の場面

1）エピソード①「先生、誰かが野菜、残してる」

　保育実習7日目は、初めて4歳児クラスに入った。給食時間のこと。テーブル4つに分かれて座り、この中の一つのテーブルの子どもと一緒に給食を食べることになった。

　おかずには、温野菜があった。一緒に食べていたりょうこちゃんが「先生はこのお野菜好き」とわたしに聴いてきた。わたしは「好きだよ。おいしいね」とこたえた。すると、りょうこちゃんが「わたしも好きなの。だっておいしいもん」と嬉しそうに言った。しかし、そうは言ったものの全く手をつけない。そこで「食べないの」とわたしが聴くと「大好きだから、最後に食べるの」とりょうこちゃん。

　わたしは納得して、他の子どもとお話ししながら食べていた。わたしは残してはいけないと知らなかったので、どうするのかなあとおもってみていた。りょうこちゃんは、食べずに、ずっと周りをキョロキョロしていた。わたしは、変だなとおもいながら、他の子どもと話しを楽しんでいた。①りょうこちゃんは、野菜の上にそっと他の食器を重ねた。そして、キョロキョロしながら片付けに行った。りょうこちゃんは、残した野菜を指さして②「先生、誰かが野菜、残してる」と言い出した。先生は、以前残したことがあるのかいちろうくんに「いちろうくんが残したの」と聴いた。③いちろうくんは食べ終わっていたにも関わらず、反抗が出来ないまま、りょうこちゃんが残したものを食べていた。

　わたしは、りょうこちゃんが残したものだとわかっていた。自由時間に、こっそり「りょ

うこちゃんのだったでしょ」と声をかけようかとかいろんなことを考えた。しかし、結局何も言えなかった。先生にも報告することができず、すごく心残りであった。

　わたしはどうしたらよかったのだろうか。④りょうこちゃんが、何でそんなことをしたのかも知りたい。

2）エピソード①の理解と保育実践へのヒント

グループワーク

1、りょうこちゃんは、なぜ下線部①のような行動をしたのか。

2、下線部②の場面でりょうこちゃんに、どのようなことばかけをするのか。具体的に
　考えよう。

3、下線部③の場面でのいちろうくんの気持ちについて考えよう。

4、実習生が下線部④のように記述しているが、りょうこちゃんはなぜこのような一連
　の言動をしてしまったのだろうか。

エピソード①の読み解きと保育実践へのヒント

　下線部①や下線部②の言動から、りょうこちゃんは、おかずの温野菜が苦手だったのだろう。りょうこちゃんが「先生はこのお野菜好き」と実習生に聴いてきている。この聴き方自体から、野菜が嫌いなんだけどなあという、りょうこちゃんの気持ちを読み取ることができる。

　最初の時点で、りょうこちゃんは「先生、野菜が苦手で食べられません。残してもいいですか」となぜ言えなかったのだろうか。それは、残すための手続きを知らなった可能性がある。つまり、下線部④の理由の一つとして、給食の場面で嫌いな食べ物がでてきたときに「残してもいいですか」ということを保育者に伝える手続きを教えてもらえていないからということが考えられる。これをふまえると、一概にりょうこちゃんだけが悪くない。実は、気づかないままにりょうこちゃんを追い詰めていたのは、保育者であった可能性もある。

　下線部①や下線部②の場面、実習生である学生にとっては、声かけに戸惑うこともあるだろう。ただ、このような場面をみている実習生には、なんらかのアクションを起こしてほしい。下線部①の場面では「りょうこちゃん、どうしたの」と一声かけてもよかったであろう。これによって、下線部②のようなことばを、りょうこちゃんが発する必要はない。

　下線部③のように、お皿でつぶされた状態のすでに冷めてしまった野菜を食べざるをえなくなった、いちろうくんの悲しい気持ちは計り知れない。なんで僕が誰かの食べ残しを、食べないといけないのだろうという思いである。

　実習生は、りょうこちゃんのことをよくみていることはできていた。実習生には、ハー

ドルが高いかもしれないが、さらにもう一歩、積極的に関わることを期待したい。これによって、いちろうくんの悲劇は起こらなかったであろう。もちろん、りょうこちゃん自身をも追いつめてしまうことは、なかったかもしれない。

3．事例検討Ⅱ：仲裁の場面

1）エピソード②「気持ちを理解したうえでの仲裁」

　私が2月の保育実習でうまくいかなかったことは、けんかの仲裁のときであった。私は、これまでにけんかの仲裁をしたことがない。保育士が解決している様子しかみたことがなかった。

　クラス活動の様子をまとめたアルバムを、のぞみちゃん（1歳児）がみようと持っていた。①そこに、ひできくん（2歳児）がやって来て、のぞみちゃんの持っていたアルバムを奪ってしまった。のぞみちゃんは泣きながら、ひできくんを追いかけた。しかし、ひできくんが逃げてしまい、のぞみちゃんは取り返せなかった。

　まず、私は、ひできくんを呼んだ。②どうして取ったのかを聴こうとしたが、なかなか向き合ってもらえず、あたふたしているだけであった。初めてのけんかの仲裁で緊張と不安が混ざり、顔が怖かったのかもしれない。そして、③ひできくんの気持ちを受け取る前に「のぞみちゃんが持ってたやつだよ」「貸してって言った」など、と聴いてしまった。ひできくんとしては、自分の読みたかった気持ちを受け止めてもらえなかったし、怒られただけ、というふうに感じてしまったからかなとおもった。

　その後、ひできくんはそのままアルバムをみて楽しんでいた。ひできくんに話を聴くことや、だめなんだよということも伝えられなかった。

　ひできくんに関わっているあいだ、のぞみちゃんは、一人で泣くしかなかった。のぞみちゃんは、保育士に慰められて終わってしまった。

2）エピソード②の理解と保育実践へのヒント

グループワーク

1、ひできくんは、なぜ下線部①のような行動をしたのか。

2、下線部②の場面で、ひできくんに、どのようなことばかけをするのか。具体的に考えよう。

3、実習生の下線部③のことばかけの前後のひできくんの気持ちについて考えよう。

4、ひできくんとのぞみちゃんへどのように関わりますか。

エピソード②の読み解きと保育実践へのヒント

　下線部①の場面からは、ひできくんは、のぞみちゃんが読んでいたアルバムをみたかったのだろう。ただ、のぞみちゃんに「貸して」と言うことができなかったようだ。

　実習生は下線部②のように、ひできくんにどのように関わればよいのか戸惑っている。実習生に下線部③のことばかけをされる前は、ひできくんは、自分がみたかったアルバムをみれてうれしく、満足感に浸っている。もしかすると、少しぐらいは、のぞみちゃんに悪いことをして申し訳ない気持ちがあるかもしれない。

　実習生に下線部③のことばかけをされた後は、自分もみたいのに、のぞみちゃんのことばかり言ってというイライラした気持ちだろう。自分の思いも聞いてほしい、自分だけが怒られていやだなという気持ちであろう。

　この場面で実習生として二人にどのように関わればよいのだろうか。関わり方の一つとして示す。のぞみちゃんとひできくんの2人を集めて話し合いの場を持ちたい。

　a）まずは、泣いているのぞみちゃに声をかけてあげたい。ここで、のぞみちゃんに「どうしたの」と聴く。のぞみちゃんに声かけをする、とともに、b）のぞみちゃんの悲しい気持ちに共感するのが大事であろう。ひできくんへの思いや言いたいことがあれば聴き出す。ここで、聴き出したことばを実習生がひできくんに伝えるのではない。c）よりのぞましい関わり方としては「のぞみちゃんからひできくんに、自分の思いを伝えてごらん」と声をかけるのである。状況にもよるが、c'）のぞみちゃんが自分のことばで、自分の思いをひできくんに伝えることができるかもしれない。

　d）つぎに、ひできくんに「どうしたの」と聴く。当然、e）ひできくんの気持ちや思いに共感をすることも忘れてはならない。ひできくんからのぞみちゃんに言いたいことや伝えたいことを聴き出す。このことばを実習生がのぞみちゃんに伝えるのではない。f）よりのぞましい関わり方としては「ひできくんからのぞみちゃんに、自分の思いを伝えてごらん」と声をかけるのである。状況にもよるが、f'）ひできくんが、自分のことばで、自分の思いをのぞみちゃんに伝えることができるかもしれない。

　保育者は子ども同士がつながるような関わり方をするのである。つまり、保育者はc）・c'）やf）・f'）の関わり方を意識的に実践していくことが大事である（図4－2）。

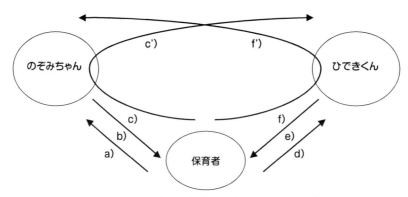

図4-2　子ども同士がつながるような関わり方

4．事例検討Ⅲ：お帰りの場面

1）エピソード③「一番に用意ができたのは」

　4月のある日、保育者が「お帰りの用意をしてね。忘れ物をしないようにね」と子どもに声をかけていた。3歳の女の子のまきちゃんは、はりきってお帰りの用意をしていた。①帰りの用意ができたまきちゃんは、静かに座って、他のお友達が帰りの用意を済ませるのを待っていた。誰よりも早く準備を終えた、まきちゃんは満足した表情を浮かべていた。

　しばらくすると、3歳の男の子のはるふみくんが帰りの用意を済ませたようだ。②「よっしゃあ、一番に用意ができた」と大きな声で、保育者にアピールをしていた。③保育者が「はるふみくん用意できて、すごいね。他のお友達をもう少し待ってね」と返した。

　④一番に用意ができていたまきちゃんは、「くっそ！」と小さな声でつぶやいていた。このまきちゃんの「くっそ！」ということばを耳にしたはるふみくん。「まきちゃんが『くっそ！』って言った」と保育者に、すぐに伝えていた。

2）エピソード③の理解と保育実践へのヒント

グループワーク

1、下線部①のまきちゃんの気持ちを考えてみよう。このときのまきちゃんに保育者としてどのようなことばかけをしますか。
2、下線部②のはるふみくんの気持ちを考えてみよう。
3、下線部③の場面でのまきちゃんとはるふみくんのそれぞれの気持ちを考えてみよう。
4、下線部④のまきちゃんの気持ちを考えてみよう。

エピソード③の読み解きと保育実践へのヒント

　まきちゃんは、保育者の「お帰りの用意をしてね。忘れ物をしないようにね」という

ことばを聞いて、てきぱきと帰りの用意を準備した。下線部①のように、満足している。保育者から何らかのことばを期待している。それは、「まきちゃん、お帰りの用意できたんだね」というまきちゃんの姿を認める声かけであり、まきちゃんのことをみているよという合図である。ただ、このようなことばかけを保育者はできなかった。まきちゃんの姿をみていなかったのであろう。

　下線部②では、はるふみくんが「よっしゃあ、一番に用意ができた」と大きな声で、保育者にアピールをしていた。保育者からほめてほしいのであろう。下線部①と下線部②は、自らアピールできない子どもとできる子どもの違いがある。保育者はこのように自らアピールできない子どもがいることとできる子どもがいることを知っておかなくてはならない。どちらの子どももやはり保育者にみていてほしいのである。

　下線部③の保育者の発言によって、はるふみくんは心地よい気持ちである。しかし、まきちゃんの怒りをさらに買ってしまっている。他の誰よりも、一番に用意ができていたのは、まきちゃんであったからである。

　下線部④のまきちゃんの「くっそ！」と小さな声のつぶやきには、誰よりも自分が先に準備していたのに、自分は、ほめられなくて、はるふみくんだけがほめられていることへのくやしさが表現されている。これらをふまえると、保育者が子どもをよくみておくことの重要性がわかる。

Column | 「ハンバーグの定理」

　みなさんは、この定理をご存知でしょうか？このような定理はありませんので、知らないかと思いますが。

　さて、この定理の意味は「大好きな食べ物を食べないということは何かがある」ということです。子どもが大好きな食べ物を前にして、いつも通り何ごともなければそれをあたりまえのように食べます。しかし、体調不良やひとたび何かこころにつかえている状況であれば、大好きな食べ物を目の前にしても、それを食べることができないのです。ある、親子のエピソードを紹介します。

　ある日の夕食、そこにはまさしくん（小3）の大好きなハンバーグ。いつもであれば、家族の誰よりも早く、ハンバーグを食べ始めます。ただ、この日は、まさしくんの箸がひとつも進まないのです。

　この様子に気付いた母親のみずえさんが、まさしくんに「体調でもわるいの」と尋ねました。しかし、まさしくんは「べつに、そういうわけじゃないよ」と応えます。さらに「何かいつもと違うよ、何かあったの」と尋ねました。すると、まさしくんは、小学校の教室のガラスを割ってしまい、誰にも言わずに内緒のまま、家に帰ってきてしまったことを、母親に話し始めました。

　母親に、話ができたことで、こころのもやもやの晴れたまさしくんは、ハンバーグを食べ始めました。

　このエピソードは、いつも子どものことをよくみているからこそ、変化に気づくことができるということを示しています。まさしくんのこころのつかえを聴くということが、まさしくんにとって、すごく救われたできごとになっています。

　保育者をめざすみなさんには、子どもをよくみて、いつもと違う様子に気付き、もう一声をかけられる保育者をめざしてほしいと思います。

第5章　カウンセリングの基礎的知識

―――学びのポイントとキーワード ―――――――――――――

　学校教育や保育に従事する教員は決して専門のカウンセラーではない。本節では
カウンセリングの基本的な知識や技法を学ぶことによって、子どもや保護者の内面
に気づき、それを受け止め、子ども理解、保護者理解につなげてほしい。
キーワード：発達援助的（開発的）カウンセリング、来談者中心療法、ロジャース
　　　　　の三つの必要十分条件、10の技法、カウンセリングマインド

第1節　カウンセリングとは

1．カウンセリングの定義

　カウンセリングとは、心理学辞典普及版（藤永ら、2005）によれば、クライエントの
個人的な問題、関心、願望に対して、心理学的理論やコミュニケーション・スキルを応
用する実践もしくは専門的行為、指示的な助言なしに援助を行なうものが優勢である。
　また心理学辞典（中島、1999）によれば、カウンセリングの定義には、狭義と広義に
分けることができる。狭義ではパーソナリティの再構成への援助に焦点がおかれ、治療
が主な役割になる。したがって心理療法（治療的カウンセリング）、精神療法と事実上
同義になる。広義のカウンセリングにはパーソナリティの成長と統一に焦点がおかれる。
広義のカウンセリングには、治療的カウンセリングと合わせて、発達援助的カウンセリ
ング（開発的カウンセリング）、予防的カウンセリングが含まれる。
　発達援助的カウンセリング（開発的カウンセリング）は健常な個人や集団を対象とし
て、治療すなわち症状や病気を治すことが目的でなく、人格（心的構造）がバランスよ
く発達をとげるように援助し、さらなる成長を促進することを目標として行なわれる。
　予防カウンセリングは、健常な個人や集団を対象として、いじめ予防を目的として行
なう学級の人間関係作りも地域におけるメンタルヘルスやうつ病予防対策として行なう
講演や研修会も含まれる（諸富、2010）。

2．カウンセリングの歴史

　カウンセリングの始まりは20世紀初めのアメリカである。その起源の一つは職業指導
の領域で相談助言者の養成が行なわれ、職業適性を見出して、適材適所に人員配置する
ことをめざした。このような動向に心理テストの発達が加わった。ビネー（Binet, A）

の知能検査がスタンフォード・ビネー検査として確立された。この検査は日本においても翻訳され、田中ビネー知能検査として広く活用されている。このような教育測定が、助言指導としてのカウンセリングの基礎をなした。

指導的カウンセリングが1920年代から1930年代に入って、教育、産業、精神衛生の領域で普及した。教育測定、指導、精神衛生、職業指導などを総合して、個人の問題解決を援助しようとする試みが発展していった。その一つであるウィリアムソンの臨床的カウンセリングが学生相談や学生指導の体系化に寄与した。ガイダンスに近い指導的カウンセリングがいわゆる、指示的カウンセリングとして20世紀後半にまで影響を及ぼした。

第二次世界大戦後からカウンセリングは多くの臨床的、情緒的問題に直面し、精神分析を初めとする心理療法としてのカウンセリングが次第に登場するようになった。

一方、カウンセリングという用語が一般的に使われたのは1942年のロジャース（Rogers, C. R.）の登場によってである。ロジャースは、非指示的カウンセリングを提唱した。指示的カウンセリングはクライエントの自主性を奪い、彼らをカウンセラー依存させ、クライエントのもつ問題解決能力を消失させてしまうと考えた。むしろクライエント自身の成長や適応の力を信頼し、クライエントに主導的にゆだねるカウンセリングにおいてクライエントが自らの道を見出していくことをロジャースは基本とした。

3．指示的カウンセリングと非指示的カウンセリング

指示的カウンセリングとはカウンセリングの歴史でも示したが、クライエントに質問やテストを行ない、診断をした結果、カウンセラーがクライエントに何をすべきか指示をする方法である。

非指示的カウンセリングは来談者中心のカウンセリングである。クライエント（来談者）自身が本来持っている能力を信頼し、クライエント自身が主体性を持って、自己決定をし、自己理解を深めていくことを援助する方法である。

第2節ではロジャースの来談者中心療法を元にカウンセリングの基本的姿勢を学ぶ。

第2節　カウンセラーとして基本的な姿勢

1．ロジャース（Rogers, C. R.）の来談者中心療法

ロジャース（Rogers, C. R.）は非指示的カウンセリングの提唱をした。ロジャースはクライエントの主体性や自主性を徹底的に尊重し、来談者中心療法はクライエント中心療法とも呼ばれる。

カウンセラーは助言や指示を与えるのではなく、ただよく傾聴し、クライエントの発

言や気持ちを受け止め、うなづき、理解を示すことを基本とする。

２．ロジャースの三つの必要十分条件

　ロジャースはカウンセラーの基本的態度として三つの必要十分条件を、自己一致（純粋）、受容（無条件の肯定的配慮）、共感的理解と示した。三つの必要十分条件は一つもかけることなく必要とされている。

１）自己一致（純粋）

　カウンセラーはクライエントとの関係の中で自己一致をしている。つまり、自己一致とはあるがままであり、純粋であり、「作りもの」ではなく、真実であることである。カウンセラーがクライエントとの関係において、純粋であり、取り繕うことなく、その時、その時の自己の中に流れている感情に率直に、正直に、素直になる時、カウンセラーはあるがままであることができ自己一致している姿になる。この真実を求める心によって全体の雰囲気があたたかく、明るく調和してクライエントの成長に役立つ場になっていく。たとえば、クライエントが「子どもを虐待してしまうんです」という。カウンセラーの自分の気持ち（純粋）に従うと、虐待されたらカウンセラーとして困る。そこで「虐待するのはいけません」と言いたい。しかし受容（無条件の肯定的配慮）を払えば、「虐待してしまうのですね」と言わなければならない。虐待されたら困るという気持ちのみにとらわれると、相手の気持ちを無視してしまい虐待してはいけないとばかり思ってしまう。あるいは相手の感情のみに注目すると虐待する人は虐待したらいいと割り切ってしまい、自分の止めたい気持ちを無視してしまう。これはどちらも（自己一致）純粋ではない。そのような意味で、カウンセラーはクライエントのみならず、カウンセラー自身に対して心を開いていないといけないということになる。

　1961年にロジャースが日本に来日した際、公開の場で、「自己一致（純粋）、受容（無条件の肯定的配慮）、共感的理解の３つの中でどれが一番重要なものですか」と質問された際に、ロジャースはきっぱりと「一番大切なもの、それは一致だ」と即答したそうである（諸富、2010）。カウンセラーはクライエントに対して傾聴し、受容し、安定した関係を築くだけでなく、カウンセラー自身の内面にも意識を向けていくことが重要である。

２）受容（無条件の肯定的配慮）

　カウンセラーはクライエントの気持ちを、経験の全てを、あるいは存在を無条件に受け入れる。そこには評価や是非善悪の価値判断がない。つまり、クライエントのある感情は受容し、ある感情を否認するということはしない。クライエントの体験の全てをク

ライエントの一部として温かく受容し共に分かち合おうとする態度である。

3）共感的理解

　クライエントの今ここでの私的な個人的な意味を持つ内的世界をあたかもクライエントになったかのように敏感に、正確に感じ取ることである。つまりクライエントの恐れ、混乱、怒り、悲しみ、喜び等一切の感情を「今ここにいるクライエントの今の状態なら、今語っている通りなんだろうなあ」という気持ちでクライエントの表現をそのまま恰もクライエントになったかのようにその感情を感じ取ることである。

3．聴くことの重要性

　上記に述べたように、人と人の関わりの中で、相手の話を聴くことは重要である。聴くことにはメリットがある。

　相手の話を聴けば、相手が何を感じ、何を考え、何をしようとしているのか理解しやすくなる。誤解が生じにくくなる。聴くことで情報を得ることができる。聴くことは情報を受け取る行為だが、同時に相手の存在を認め、注目し、尊敬し、共感するなどの社会的報酬を与える行為である。

4．カウンセラーとして望ましくない態度

　ロジャース（Rogers, C. R.）の来談者中心療法により、カウンセラーとして基本的姿勢が示された。カウンセラーとして好ましくない態度は以下の3つである。

　一点目は自分の名誉欲や自尊心を守るためにカウンセリングの成果を狙う態度、相手からの称賛や感謝や高い評価を期待することである。二点目は不安や罪悪感を抱きやすいこと。クライエントの不満や非難によって責められていると感じて、過剰にわびたり、逆に挑戦的になったりすることである。三点目は自分の中に解決できていない問題をもつゆえに、態度が不安定になること。たとえば自分の依存、愛情欲求を満たすために親しい関係を作ろうとしたり、自分の敵意を投影して相手が挑戦的だと受け取ることである。

5．コミュニケーションの障害に配慮する

1）話しすぎ、沈黙し過ぎ

　もし、カウンセラーがクライエントと同じくらい、またクライエントよりも多く話す傾向があればクライエントからのコミュニケーションを自分でふさいでいることになる。このような場合はカウンセラーが権威者となり、面接の中で優位に立っており、クライ

Column | 教育現場で必要なカウンセリングマインド

　学校教育や保育の営みの中でのカウンセリングマインドとは、教員が子どもや保護者の立場を尊重した関わりをしていけるようになること、一人ひとりの子どもの内面を理解し信頼関係を築きつつ、発達に必要な経験を幼児自ら獲得していけるように援助する教員の基本的姿勢のことである。子どもの心理を十分に理解し、子どもの気持ちになって指導、援助、助言することである。

　平成5年から文部省（現文部科学省）では、都道府県ごとに保育技術専門講座を開催し、保育者が幼児と信頼関係を築いていくこと、さまざまな表現から、子どもの心の動きを理解していくこと、更に相手の立場にたって保育を進めることなどを研修する機会を設け、保育者にとって、大切な基本的姿勢、あり方に焦点をあてるために、カウンセリングマインドと名づけられた。

　またいじめや不登校、学級崩壊などに対応するため、子どもの心を重視する傾向は、小中学校にも波及した。平成11年教員免許法が改正され、教員免許を取得する人はカウンセリングについて学んでおくことが必要になったのである。

　教員や保育者は子どもの内面をよりよく理解し、それを日々深めて教育や保育の実践に活かそうする方向性を持っている。この点では来談者の内面を深く理解しようとするカウンセラーと共通する部分が多いことも事実である。教員や保育者が子どもの内面を深く理解しようと努め、そのためにカウンセリングの基本的精神を学び、その精神を子ども理解に活かそうとする態度をカウンセリングマインドと呼ぶ。

　日ごろ子ども達と接している教員や保育者が子ども達の心を理解し、問題が深刻化しないように対応していく。この子ども達に対応する接し方として求められているものがカウンセリングマインドである。同じことは保護者に接するときにもいえる。人はカウンセリングマインドで接してもらえると無条件に大切にされていると感じ、相手に対して安心感、信頼感をもち、自己開示できるようになる。自己開示により真の自分の問題に気付き、自己受容し、自己選択する中で自己肯定感が高まっていく。

　学習指導要領（2017）では、教育課程全体や各教科などの学びを通じて「何ができるようになるのか」という観点から、「知識及び技能」「思考力・判断力・表現力など」「学びに向かう力、人間性など」の3つの柱からなる「資質・能力」を総合的にバランスよく育んでいくことを目指している。つまり子どもに育成したいのは、自主性、主体性、自律性である。このような力をはぐくむには、さまざまな教育活動場面においてカウンセリングマインドで子どもに接していくことが必要となるのである。

エントに講義していることになる。また、もしあまりに少ししか話さず、自分の言葉が全体の話の約10％以下であるならば、ストップする回数が多くないか、気まずい沈黙が続いていないか調べる必要がある。カウンセラーの話す量は、面接の中で今何が起こっているか、全体のプロセスを見て判断する必要がある。

2）話をきってしまわないこと

　クライエントの意図をすぐに汲み取って、待つのに耐えられなくなり、クライエントの話を切ってしまえば、たとえカウンセラーが流れをもっと促進したいと心から願っていても、実際今そこで起きていることを阻止していることになる。時に話の中断の結果、二重唱のような事態が発生することがある。一方は自分の言っている事を続けようとするし、他方はそれを中断させようとして喋りつづける。このような場合はとにかく、一度話を中止して、必要であるならば、今何がおきているかをオープンに言ったほうがよい。しかしその説明も逆効果にならないようにごく短くすべきである。

<u>Ex　お互いしゃべりだした際のカウンセラーの受け答え例</u>

○「ごめんなさい。続けてください」

○「あなたの話を切ってしまってすみません。ちょっと早とちりをしましたね。どうぞ続けてください。あなたが話し終わったら話しましょう」

×「今は私が話しているのです。だから聴いてください」

×「今まではあなたのお話を伺っていましたが、今度は私の話をお聴きになってください」

3）質問攻めにしない

　カウンセラーは自身が質問しているという事実に気づいているべきである。自分が今からする質問をもう一度問いなおし、それが本当に望ましいものなのかどうか注意深く考える必要がある。そしてカウンセラーはその時できるいろいろな質問を吟味し、自分が陥りやすい質問のタイプを注意深く探って見る必要がある。カウンセラーは質問しないとすれば他の方法として何があるか考えるべきである。クライエントの質問が率直であろうがなかろうがカウンセラーは問われる質問に敏感になっていなければならない。

　究極的には次のようなことを問う。カウンセラーが今尋ねようとしている質問は面接の流れを促進しているのだろうか？あるいは停滞させていないだろうか？それらの吟味の上で、質問をしていく必要がある。

　次々質問せず、むしろ自由に話させ、それをカウンセラーのほうで整理して聴いていく。口篭もったり特定の話題を避けようとしたりする態度（非言語的表出）にも注意を向ける。クライエントによっては自分で表現する以前にあまりにいろいろと質問されすぎて、自分から変化することが難しくなったり、カウンセラーの介入が助けよりも妨害になってしまうこともある。クライエントが行き詰まっているように見えたとき、その

居心地の悪い沈黙を超えて先へ進めるように有効な手助けをできる用意が必要である。

　質問の仕方はいわゆるopen question（開いた質問）で行ない、クライエントが自由に答えられる形式が望ましい。閉じた質問とは厳正な事実のみを要求するもので、特定の答えにクライエントを限定させてしまう。開いた質問はクライエントの見方、意見、考え、感情等を導き出し、カウンセラーとクライエントの間に信頼関係を育てるのに大きく働くのである。

４）クライエントの質問にカウンセラーがきちんと応答しているか

　カウンセラーはクライエントが表現していることに答えているか、カウンセラーの応答がクライエントの求めているものに対してなのか、自分の欲求に応じているだけなのか。クライエントにカウンセラーの言いたいことが通じているか、自分の応答によってクライエントはもっと自分を表現できるようになったかを確認する必要がある。

　今ここで流れている時間、空間で実際起きていることに対して、的確に、敏感に反応していくことが求められる。その際には自己一致（純粋）、受容（無条件の肯定的配慮）、共感的理解と示したカウンセラーの基本的態度三条件が必要であることは言うまでもない。

第3節　さまざまな技法（質問や応答やリード）

　カウンセリング以外の領域でも役に立つと思われる10の技法を紹介する。ヘンドレン（Hendren, R. L., 1987）が10の技法をあげている。

１．促しの技法　うなずき、あいづち、適切な質問などで相手の話を促す

　クライエントの話の先を聴く用意があることをクライエントに知らせる。クライエントが話しやすい状況を作り出し、この技法を使って相手の話を促せば、より多くの詳しい情報を相手から引き出すことができる。言葉を使わない促しの技法もある。首を縦にふりながら、相手の話を聴くなどである。

Ex
　クライエント：最近つまらないのです。
　カウンセラー：ふんふん、それで？

２．繰り返しの技法　相手の言葉の一部、もしくは全部を繰り返す

　クライエントに対しての（熱意）熱心な態度を示すことができ、共感や受容を実現す

る上でも重要な役割を果たす技法である。要約の技法、解釈の技法、共感の技法も繰り返しの技法が基礎になっている。簡単な技法だからといって使いすぎないように注意すべきである。相手の話の重要な部分、話の節目、節目に返すのがよい。

Ex

　　クライエント：私はあの人がどうも苦手です。

　　カウンセラー：<u>あなたはあの人が苦手なのですね。</u>

　　クライエント：話をしていると強引な態度で納得のいかないことも上手にいいくるめられてしまうのです。

　　カウンセラー：<u>いいくるめられてしまうのですね。</u>

3．要約の技法　相手の話を要約して返す

　相手が延々としゃべったときに、その要点だけを要約して返すことで、繰り返しの技法と同じ効果が得られる。長話をする人は自分が何を言いたいのか分からず頭が混乱することも少なくない。そのような場合には要約の技法を用いることで、本人の抱えている問題を整理することができる。

Ex

　　クライエント：若いころはつらいことばかり続きました。戦争が終わってようやく平和になったのですが、まともな食糧が何もなくて、とにかくぜいたくなどいっていられませんでした。毎日一生懸命働いていても生活は楽にならず、そのうち病気にかかってしまい働くこともできなくなったのです。しかし今は幸せです。こんなに立派な施設に入ることができ、何不自由なく生活しているのですから。

　　カウンセラー：<u>若いころはつらい経験ばかりされたのですが、今は幸せなのですね。</u>

4．解釈の技法　相手の話の要約を因果関係で結びつけて返す

　この技法は専門的な知識を必要とするもっとも難しい技法の一つである。この技法をうまく使えば、問題の背景を相手に理解させ、専門的な援助を必要とするほど難しい問題でなければ、本人が問題を主体的に解決できる。

Ex

　　クライエント：最近いらいらして夜も十分に眠れません。寝ていても眠りが浅いようでちょっとした物音で夜中でも目がさめてしまうのです。このようになったのは転職してからだと思います。新しい職場になじめないのです。時々胃が痛むこともあります。

　　カウンセラー：<u>新しい職場になじめないためにイライラして眠れず、胃が痛むのですね。</u>

５．共感の技法　相手の感情を正確に把握し、その感情を自然な言葉で返す

　カウンセリングではクライエントが抱えている問題をクライエント自身の理性的な能力によって解決できるように、カウンセラーが援助することになる。問題を抱えてクライエントはその問題に直面したことにより、不安、怒り、悲しみなどさまざまな不快感に支配される。そのため、クライエントの理性的な能力に対して、始めから働きかけようとはせず、不快な感情を低減させるための援助が行なわれる。援助の場面では否定的な側面への対応が優先されるのは当然として、相手の肯定的な感情への共感も信頼関係を強化する上で大切である。

Ex

　　クライエント：油断してはいけないと、あれほど自分に言い聞かせていたのに、自分の愚かさ
　　　にうんざりしてしまいます。準備する時間的余裕は十分にあったのに結局は怠けてしまい私
　　　だけが試験に不合格になってしまったのですから。私のような人間は何の役にも立たないと
　　　思います。
　　カウンセラー：<u>準備を怠けてしまったためにあなただけが不合格に成りすっかり愛想が尽きて
　　　しまったのですね。</u>

６．保証の技法

　相手を安心させ、言語（言葉）、非言語（表情や動作）でさらに励まし勇気付ける。相手が抱いている不快な感情を正確に把握し、そのような感情を抱く必要がないことを保証する。
　共感の技法を身につけていることが、保証の技法を習得する上での前提となる。しかし、実際に深刻であり、保証しきれない問題に直面している際には共感の技法によって相手の感情に付き添うだけにとどめておく必要がある。

Ex

　　クライエント：皆に推薦されたことはとても嬉しいと思っています。でもリーダーのような大
　　　役が私なんかに勤まるのでしょうか？
　　カウンセラー：最初はだれでも不安ですけど、すぐに慣れてしまいます。他の人も協力してく
　　　れるでしょうし、あなただったら<u>大丈夫です。心配はいりませんよ。</u>

７．沈黙の技法　相手の言葉を黙ってまつ

　沈黙は一つの応答であり得る。しばしばその事実を見過ごされている。言葉に意味が

あるように沈黙にも意味がある。この技法を使うことで間（余裕のある態度）を実現できる。相手が物事を深く考えて、うまく表現することを沈黙による間が可能にする。カウンセラー側からのジェスチャーとしての沈黙は「ええ聴いていますよ、続けて」、「あなたはまだ最後まで言っていないでしょうから私は待っていますよ」等の気持ちを相手に伝える。沈黙の技法を使う際には今相手が考えている状態かどうか判断しなければならない。相手に考えてもらうための質問をして、その後沈黙の技法を使えばもっとも効果的である。

Ex
　　カウンセラー：あなたは彼の欠点をどうしてそんなに激しく非難するのですか？
　　クライエント：それは…。えっと…。
　　カウンセラー：……（沈黙）……　　。
　　クライエント：たぶん、彼と同じ欠点を自分も持っているからだと思います。

8．明確化の技法　相手が言いたいと思っていることを明確な言葉で返す

　伝えたいと思っている内容を相手が言葉でうまく表現できないか、あるいは表現したとしても曖昧な言葉でしかなかったときに明確化の技法は効果を発揮する。注意すべきは、感情レベルの場合である。

　相手とのラポール（信頼関係）が成立していないうちに、この技法を用いると相手は心を閉ざしてしまう。

Ex
　　クライエント：その…、えっと…、自分のことをいやになってしまうことを何とか言いましたよね。
　　カウンセラー：<u>自己嫌悪ですか？</u>
　　クライエント：そうそう、その自己嫌悪に陥っていて自分にすっかり愛想が尽きてしまったのです。あなたのように優秀な人に私の気持ちはわからないでしょうけど。
　　カウンセラー：<u>ご自分になんの取り柄もないとあなたは思っているのですか？</u>

9．質問の技法

1）開いた質問と閉じた質問を使い分ける

　イエスかノーかのいずれかを期待する質問のタイプは閉じた質問といい、自由な言葉で答えることを相手に期待するタイプの質問を開いた質問という。閉じた質問は、それによって問題の背景が分かったり、対処の仕方が決まるような場面で限定して使うように心がけるべきであり、それ以外の時にはできるだけ開いた質問によって自由な言葉で相手に語ってもらい余裕のある雰囲気でより多くの情報を収集するように努めるほうが

効果的だといえる。

Ex

カウンセラー：昨夜は十分眠れましたか？

クライエント：あまり眠れませんでした。

カウンセラー：<u>痛みましたか？</u>

クライエント：はい、痛かったです。

カウンセラー：<u>どのようにいたみましたか？</u>

クライエント：まるで針で刺されているようにチクチクと痛みました。痛みで何度も目を覚ましたほどです。

２）直接的質問と間接的質問

　直接的質問はまっすぐな問いかけであり、間接的質問はそのように問うていないように見せた質問である。開いた質問は直接的であるといえる。しかし間接的に述べながらもなおかつ開いた質問にすることもできるのである。間接的質問というのは一般的にクエスチョンマークが終わりにつかない。間接的質問は質問にならないとも考えられるが、間接的質問は質問らしくみえないが、相手に関心を示すことができる。

表５−１　直接的な質問を間接的な質問に変容させる

直接的質問	間接的質問
「新しいお仕事はどうですか？」	「新しい仕事、君にはどうなのかなと思っていました。」
「ここに来始めて一週間ですが、ご自身についてなんといいたいですか？」	「ここに来始めて一週間ですが、ご自身についていっぱい話したいことがあると思います。」

10. 対決の技法　相手の行動における非一貫性を指摘する

　言葉、語調、表情、動作における一貫性のなさを指摘して、その矛盾に本人に直面させる技法であり、解釈の技法や、共感の技法と共にもっとも難しい技法の一つであり、いくつかの注意が必要である。対決の技法を用いることにより、気持ちの葛藤や抑制を本人に直視させることができる。ラポールの確立した後でなければ十分な効果は期待できない。葛藤状況で、どちらがよいのかカウンセラーがアドバイスするのではなく、クライエント自身が理性的で現実的な選択ができるようにすることが、クライエントを援助することなのである。

<u>Ex</u>

　クライエント：一人暮しのほうがわずらわしくなくて、気が楽です。

　カウンセラー：<u>そうですか？顔には寂しいと書いてありますよ。</u>

　クライエント：確かにときどき寂しくなることがあります。

　カウンセラー：<u>寂しくても一人のほうがいいのか、それとも煩わしくてもだれかと一緒のほう</u>
　　<u>がいいのかどちらでしょうね。</u>

　以上10のさまざまな技法について紹介してきたが、これらは単独で使われるよりも、面接の状況に応じていくつか組み合わせて使われることが多い。

第6章　コンサルテーション

学びのポイントとキーワード

　スクールカウンセラーの仕事と聞くと、子どもへのカウンセリングをイメージするかもしれないが、教員の仕事が「授業」だけではないのと同じように、スクールカウンセラーの仕事は「カウンセリング」だけではない。重要な活動の一つに「教員へのコンサルテーション」がある。この章では、学校において子どもを支援するために、スクールカウンセラー（キンダーカウンセラーまたは一部の保育カウンセラーを含む）が教員に行なうコンサルテーションについて理解するとともに、教員とスクールカウンセラーの連携の大切さを学んでほしい。

キーワード：スクールカウンセラー、コンサルテーション、連携、守秘義務と集団
　　　　　　守秘義務、チーム学校

第1節　コンサルテーションの理論

1．コンサルテーションとは

　コンサルテーションという言葉を聞いたことがあるだろうか。企業へのコンサルティングや経営コンサルタントなどという言葉は聞いたことがあるかもしれない。例えば、経営コンサルタントは、企業のさまざまな経営上の問題について相談を受け、課題を明らかにし、助言を行なう職業である。

　精神衛生や心理学の分野においてコンサルテーションの方法を確立させたキャプランは、コンサルテーションを次のように説明している（山本、1986）

　「『コンサルテーションは、二人の専門家、一方をコンサルタント（consultant）と呼び、他方をコンサルティ（consultee）と呼ぶ、の間の相互作用の一つの過程である。そして、コンサルタントがコンサルティに対して、コンサルティのかかえているクライエントの精神衛生に関係した特定の問題をコンサルティの仕事の中でより効果的に解決できるよう援助する関係をいう。』ここでいう二人の専門家というのは、コンサルタントの方は精神医学、臨床心理学、社会福祉の専門家をさしているのはもちろんだが、コンサルティの方は、いわゆる地域社会のキーパーソンで、他の職域の専門家をさしている。教師、保健師、看護師、開業医、企業の人事担当者や職場の上司、民生委員、保護司、牧師、地域のリーダー等、地域社会で活躍している専門家である。」

　学校というコミュニティで行なわれるコンサルテーションであれば、キーパーソンはもちろん教員となる。

2．スクールカウンセリングにおけるコンサルテーション

　今でこそ、学校にカウンセラーがいることは当たり前のようになっているが、文部省（現在の文部科学省）によるスクールカウンセラー事業が始まったのは、1995年のことであった。その後、毎年配置数を増やし、現在では全国の多くの学校で週1回程度カウンセラーが活動をしている。スクールカウンセラーの主な活動としては、子どもや保護者へのカウンセリング、教員へのコンサルテーション、問題の未然防止・早期発見のための啓発活動や心理教育などがある。

　コンサルテーションの構造を説明するにあたり、カウンセリングの構造と比較をしてみることにする。

　スクールカウンセラーのもとに子どもが相談に来たとする。この構造は、いわゆるカウンセリングである。このとき、子どもがクライエントということになる。スクールカウンセラーはカウンセリングを通して、クライエントである子どもを直接支援することができる。

　コンサルテーションは、子どもが直接スクールカウンセラーに相談をしなくても可能な支援方法である。子どもの抱える困りごとへの対応に難しさを感じた担任の教員が、スクールカウンセラーに助言を求めたとしよう。この場合、スクールカウンセラーがコンサルタント、担任の教員がコンサルティとなる。心理の専門家であるスクールカウンセラーが教育の専門家である教員に助言や提案をすること、これが学校におけるコンサルテーションの基本の形である。子どもと直接関わるのは教員であり、スクールカウンセラーは間接的な支援を行なうことになる。また、子どもとのカウンセリング等スクールカウンセラーが直接支援を行ないつつ、教員へコンサルテーションをする場合もある。コンサルテーションの実際については次の節で説明する。

直接的支援

カウンセリング

カウンセラー　　　　　　　　　　　　子ども（クライエント）

図6-1　カウンセリングの構造

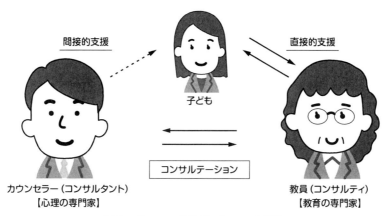

図6−2　コンサルテーションの構造

　スクールカウンセラーは学校のカウンセラーであり、学校という場で活動を行なう。そのため、日常的に子どもと関わる時間が圧倒的に多い教員との連携は不可欠である。コンサルテーションは教員と連携する中で行なわれる活動の１つである。コンサルテーションの他にも、子ども向けの心理教育の授業や保護者・地域向けの講演会など、教員とコラボレーションをして活動することもある。

３．コンサルテーションのポイントと意義

　石隈（1999）によると、コンサルテーションは「異なった専門性や役割をもつ者同士が子どもの問題状況について検討し今後の援助の在り方について話し合うプロセス（作戦会議）」と言えるとしている。また、「対等な立場で知恵を出し合い、協力しあって問題解決にあたるところに一つのポイントがある」と伊藤（2007）は述べている。コンサルテーションの関係は対等であることを意識し、スクールカウンセラーが心理の専門家として助言をするだけでなく、教員も教育の専門家としてお互い意見を出し合うといった双方向の活動となることが望ましい。

　カウンセリングは基本的には１対１での関わりとなり、１回のカウンセリングが１時間程度かかることを考えると、スクールカウンセラーが直接支援できる対象者は限られてくる。しかし、コンサルテーションを行なうことで教員がその子どもにとってより適切な対応ができるようになり、その過程で教員自身の援助能力が向上し、その後、教員が他の子どもと関わる際にその能力を活かすことができれば、効果的な支援をより多くの子どもに行なうことができる。週１回程度の勤務が主流である今日のスクールカウンセリング活動の形態においては、コンサルテーションの方が個別のカウンセリングよりもより多くの子どもたちに心理の専門家としてのサービスを提供できると考えられるのである。

Column | チームとして子どもを見るということ

　右の絵を見てみてほしい。有名な絵なので見たことがある人も多いだろう。この絵はあなたにはどのように見えるだろうか？帽子をかぶった若い女性が図の奥の方を向いているようにも見えるし、鼻が大きくあごのしゃくれたおばあさんのようにも見えるだろう。どちらの見え方が正解というわけではない。「どちらにも見える絵だ」と知ることで、この絵をより理解することができる。しかし、この絵を見るとき、同時に両方の見方をすることは難しい。若い女性に見えているとき、同時におばあさんを見ることは難しいのである。

　コンサルテーションにも似たような側面がある。教員から見るとこの子どもはこんなふうに見えるが、スクールカウンセラーから見るとこの子どもはこんなふうに見えるというように、見え方が違うことはよくある。だからこそ、専門分野の違う者同士が、それぞれの見方を共有することで、その子どもの理解がより多角的になり、よりよい支援につながるのである。

第2節　コンサルテーションの活動

1．子どもについてのコンサルテーション

　子どもについて、担任の教員や学年主任、養護教諭や部活動の顧問、管理職など、関わりのある教員へコンサルテーションを行なう。対象となる子どもは、何かしらの困りごとを抱えており、その子どもの対応について心理の専門家からの助言がほしいというときにコンサルテーションは行なわれる。子どもの困りごとや教員が対応に難しさを感じる点に加え、教員から見た子どもの様子や保護者の様子、授業中や部活動での様子などの情報提供を受け、スクールカウンセラーは見立てを行なう。そして、心理的支援の具体的な手立てや今後の見通し、教育活動においてどのようなことが有効であるか等について助言や提案を行なう。

　コンサルテーションをより有効なものにするためには、日ごろからのスクールカウンセラーと教員の関係が良好であることが大事である。少なくとも、気軽に話しかけあえる関係性を作っておくことで、コンサルテーションもよりスムーズに行なえる。また、お互いの専門性を尊重しあうという姿勢も大切である。

　状況により、コンサルテーションに1時間程度の枠をとることもあれば、立ち話的に数分で終わることもある。教員とスクールカウンセラーの交流があれば、そこには常にコンサルテーションの可能性が存在する。

1）カウンセリング後のコンサルテーション

　カウンセリングを受けた子どもや保護者について、担任教員を中心にコンサルテーションを行なう。守秘義務に気を付けながら、カウンセリングでの様子やスクールカウンセラーの見立て、感想、子どもや保護者に行なった助言等を教員に伝える。初回は、教員からの情報提供量も多く、今後の支援方針についての検討も必要なため、特にしっかりと時間をとって行なうことが望ましい。

　子どもや保護者がカウンセリングを受けたとなると、当然教員はその様子が気になるものである。したがって、カウンセリング後に報告も兼ねて自然な流れでコンサルテーションの場を持つことができることが多い。

2）授業観察などの後のコンサルテーション

　スクールカウンセラーは授業参観をしたり、学校行事の様子を見学したり、カウンセリング室の外でも子どもの様子を観察する機会を持つ。また、保健室に来室した子どもの様子を観察したり、時には少し話をしてみたりもする。観察して気になった子どもについて、関係する教員に心理の専門家としての視点から助言を行なう。事前に担任等の教員から気になる子どもについて情報提供を受けている場合は、焦点を当てて観察することができる。

3）気になる子どもに関するコンサルテーション

　カウンセリングや観察をしたことのない子どもであっても、教員から気になる子どもや対応に難しさを感じる子どもについて助言を求めることができる。スクールカウンセラーは教員から情報提供を受け、見立てをし、心理の専門家としての助言や提案を行なう。教員側にスクールカウンセラーを積極的に活用しようという意識があると、この形のコンサルテーションが増える傾向にある。

4）定期的なコンサルテーション

　学校によっては、定期的に各クラスの担任の教員とのコンサルテーションの時間を設けていることもある。カウンセリングの予約のようにコンサルテーションの予約として事前にスケジュールに入れておく。通常は授業時間に合わせて50分ほど、教員の空き時間を利用して行なわれることが多い。

　教員はたいへん多忙であり、日々余裕のない中で業務を行なっていることも多い。そ

のため、中にはこのようなコンサルテーションの時間を設けることに積極的でない教員もいる。受けてみてよかったと思えるようなコンサルテーションが行なえるよう、スクールカウンセラー側の努力や工夫も必要である。

5）会議等におけるコンサルテーション

　教育相談会議やいじめ防止対策委員会、ケース会議等へ出席して、そこで取り上げられる子どもについて心理の専門家の立場から助言や提案を行なう。このような場に出席することはスクールカウンセラーにとっても得られるものが多い。気になる子どもについての情報提供をまとめて受けられるだけでなく、会議等に参加することを通して教育相談体制や学校運営など、その学校のシステムについても理解を深めることができるからである。

２．システムについてのコンサルテーション

　教育相談体制や学級運営・学校運営等、学校のシステムについてコンサルテーションをすることもある。学校には大小さまざまなシステムがある。学校全体で言えば、校長・教頭といった管理職のもとに、学年、学級、教科、校務分掌等が組織されている。スクールカウンセラーは生徒指導部や教育相談部といった校務分掌に所属していることが多く、不登校対策委員会やいじめ防止対策委員会の組織なども、生徒指導部や教育相談部に位置づけられていることが多い。分掌や委員会がうまく機能しているか、スクールカウンセラーが有効に活用されているか等、教育相談体制についてのコンサルテーションもスクールカウンセラーの重要な活動の１つである。学級運営や学校運営についても、スクールカウンセラーが心理学的な視点を持ちながら客観的な立場からコンサルテーションを行なうことで、学校のシステムに変化が起き、子どもを取り巻く環境の変化へとつながる。

　システム中心のコンサルテーションは、学級・学校内のすべての子どもたちの発達を促進する可能性があり、影響力が大きい（Meyers, 1995、伊藤、2009）。今後さらに広がることが期待されているコンサルテーションである。

Column｜お茶を飲みながら

　スクールカウンセラーは職員室に机を用意してもらうことが望ましいとされている。職員室にいれば、いろいろな先生から声をかけてもらいやすくなり、スクールカウンセラーからも声をかけやすくなる。机の上に配られているプリントで学校の様子がわかることもあるし、時には、お土産のお菓子が置かれていたりもする。「これはどなたのお土産ですか？」という一言から、話に花が咲くことも多い。この何気ない雑談ができる関係というのが、スクールカウンセラーと教員が連携していく上では何よりも大切である。

　職員室の片隅には、たいてい給湯室や給湯スペースがあり、ちょっとしたソファなどが置かれていることも多い。給湯スペースでお茶を入れたりくつろいだりしている教員がいれば、雑談チャンスである。逆もまたしかり。給湯スペースは、教員にとっても、スクールカウンセラーに気軽に声をかけるチャンスなのである。

第3節　コンサルテーションの実際

1．小学校での事例

　実際どのようにコンサルテーションが行なわれているか、小学校における架空事例を紹介する。

1）担任教員から声がかかる

　スクールカウンセラーはある日2年生の担任教員から、「学級にちょっと気になる子どもがいるんですけど」と声をかけられた。その女児は、学校に行きたくないと言って登校をしぶるようになっており、なんとか母親に連れられて、遅刻をして登校するようになっているという。門のところで学校の中に入ることをしぶっているが、いざ母親から離れて学校の中に入ると、何事もなかったように普通に過ごしているので、不思議に思っている。友達関係も良好で、学習にも問題はなく、学校では特に原因が思い当たらないとのこと。しかし、翌日になるとまた学校に行きたくないとぐずるとのことであった。

2）担任教員は何に困っているか

　担任教員は、朝は学級の対応で忙しく、対応を養護教諭や管理職にお願いせざるを得ないことに申し訳なさを感じていた。また、学校では特に困っているようには見えないが、学校に行きたくないということはやはり学校に何か原因があるのではないかと思っ

てしまう。自分の指導に何か問題があるのではないかと悩んでいるとのことであった。

3）スクールカウンセラーの関わり

　スクールカウンセラーは、子どもが学校に行きたくないというときは、学校だけが原因であるとは限らないことを伝えた。子どもの家族関係を確認したところ、昨年弟が生まれたところで、最近保育園に預けて母親が仕事復帰をしたところであることがわかった。「学校に行きたくないというよりは、母親に甘えたい気持ちがあるんですかねぇ」と担任教員は気づいたようだった。スクールカウンセラーは、弟中心の生活が続く中で慣れない姉の役割を一生懸命頑張っていたかもしれない女児は、いっしょに登校することで母親を独り占めできる時間を久々に持てているのかもしれない、子どもは無意識的にそういう行動をすることがよくあると伝えた。

　対応としては、学校生活の中でできていることややれていることに対して声掛けをするなど、個別に関わる時間を少し意識的に増やし、見てもらえているという感じを子どもが持てるようにしてはどうだろうかと提案した。家庭にも学校でよくできていたことを伝え、母親からも褒めてもらうような工夫をしてみるのも一つであると助言した。担任教員は、母親は仕事に育児にと忙しいだろうから、電話で伝えるよりは連絡ノートを通じてそのようなことを伝えてみようと考えた。

　また、養護教諭や管理職に対応をお願いできる状態というのは、チームとしてうまくいっていることなので、そのように連携して取り組めているのはむしろいいことだと思うということも合わせて伝えた。

　スクールカウンセラーは女児のことについて話をしてくれたことをねぎらい、「また様子を聞かせてもらって、一緒に考えていきましょう」と伝えると、担任は少しほっとした様子で笑顔を見せた。

2．守秘義務と集団守秘義務について

　スクールカウンセラーには守秘義務がある。カウンセラーの守秘義務とは、基本的にはカウンセリングにおいて知りえた情報を他に漏らしてはならないというものである。しかし、学校でカウンセリングをするにあたって、「守秘義務があるから」といって何も情報を伝えないのは、教員の不信を招くことにもなり、教員とともにその子どもの問題に取り組もうという姿勢を持つことが難しくなる。

　そこで、スクールカウンセリングにおいては、集団守秘義務（長谷川、2003）という考え方を適用するのが望ましい。カウンセリング室の中で話されたことであっても、その子どもに関わる教員が必要な情報を共同で持ち、かつ厳密な守秘の上でコンサルテーションを行なうことで、ともに問題解決に取り組んでいく。

　ただ、どのような内容をどの教員と共有するかは、慎重さが求められる。どのような様子であったか、カウンセリングを通じてどのようにカウンセラーは感じ、考え、助言をしたか、そういった情報を中心に伝える工夫も必要である。カウンセリングの中で、このことを担任の教員やその他必要な教員と共有してもいいかどうかを子どもや保護者に確認し、了承をもらった上であれば、よりコンサルテーションもスムーズに行なうことができる。保護者のカウンセリングの場合、すんなり了承を得られることが多い。教員との連携をお願いしたいと保護者から積極的に望まれることもある。

3．保護者へのコンサルテーション

　保護者のカウンセリングは、むしろコンサルテーションととらえた方がしっくりくることも多い。保護者は基本的に、子どものことで相談に来る。保護者はその子どものことを一番よく知っている、いわば「その子どもの専門家」である。その場合、その子どもの専門家である保護者に、心理の専門家であるスクールカウンセラーがコンサルテーションを行なうといった構造になる。もちろん、その中では保護者自身の悩みやつらさなどいろいろな思いを話すこともあるので、コンサルテーションでもありながらカウンセリングでもある、といった柔軟性を持ちつつの面談となる。

　保護者を「その子どもの専門家」と考えることはチーム支援として有効である。教員も、自分は教育の専門家であり、保護者はその子どもの専門家であるという認識を持ち、お互いを尊重しつつ連携を行なうことで、子どもへの支援がより望ましいものとなるだろう。

1）幼稚園における保護者へのコンサルテーション

　幼稚園でのカウンセラー活動は、子どもの行動観察と保育者や保護者へのコンサルテーションが中心となる。幼稚園における保護者の相談は、発達や子育てについての内容が多く、発達障害ではないかと心配をする保護者も多い。幼稚園は常に保護者が出入りをする場でもあるため、子育てサロンのような集団へのコンサルテーションの取り組みも行ないやすい。幼稚園においてカウンセラーと気軽に交流できる場を持つことは、保護者にとってその後の子育てにも活かすことのできる体験となるだろう。

2）小学校・中学校における保護者へのコンサルテーション

　小学校・中学校と学年が上がるにつれ、発達や学習、友人関係の困りごとに加え、神経症的な症状、不登校やいじめなど、その相談内容は多岐にわたる。子どもが思春期の多感な時期に入ると、子どもには知られないようにこっそり相談にくる保護者も多い。思春期になると子ども自身がカウンセリングを受けることに抵抗を示すことも多くなるため、保護者を通しての間接的な支援は大変重要であり、また、有効である。

４．チーム学校とコンサルテーション

　コンサルテーションの理論と実際についてここまで述べてきた。主にスクールカウンセラーについての話をしてきたが、学校であっても幼稚園や保育所であっても、よりよいコンサルテーションを受けるために、お互いの専門性を尊重しあう姿勢と、日ごろからの良好な関係が必要であることに変わりはない。

　2015年12月に中央教育審議会から出された「チームとしての学校の在り方と今後の改善方策について（答申）」の中で、「校長のリーダーシップの下、カリキュラム、日々の教育活動、学校の資源が一体的にマネジメントされ、教職員や学校内の多様な人材が、それぞれの専門性を活かして能力を発揮し、子供たちに必要な資質・能力を確実に身に付けさせることができる学校」が「チームとしての学校」像として示された。また、その中で、学校は教員に加えて心理の専門家であるスクールカウンセラーと福祉の専門家であるスクールソーシャルワーカーを活用して教職員がチームで子どもたちの支援を行なっていくことも提言された。

　チーム学校の中で、必要に応じて専門家を活用して適切な助言を受けられるよう柔軟な姿勢を持ち、連携の中で学び、力量を高め、成長し続ける教員こそが、これからの時代に求められる教員像と言えるだろう。

第7章　心理教育

┌─ 学びのポイントとキーワード ─────────┐

　心理教育は児童生徒の問題行動、不適応行動の予防の観点から、生きる力の形成
という観点から展開されている。近年では心理教育の成果に関する観点も増え、そ
の有効性が多数報告されており、小学校から大学まで教育現場でも広く用いられて
いる。

キーワード：心理教育、構成的グループエンカウンター、アンガーマネジメント、
　　　　　　ソーシャルスキル教育、ストレスマネジメント教育
└──────────────────────────┘

第1節　心理教育

1．心理教育とは

　心理教育（＝サイコエデュケーション）は医療領域、教育領域の2つの領域で発展し
てきている。医療領域では、当初、統合失調症に対する心理教育的家族療法として日本
に紹介されてきた。教育領域においては、児童生徒の問題行動、不適応行動の予防の観
点から、生きる力の形成という観点から心理教育の展開がなされている。

　心理教育の定義は、「全ての児童生徒を対象とし、一般の発達過程に起こりうる問題
への対処能力の向上を援助する予防的・発達促進的サービス」と位置付けられている（小
野寺・河村、2003）。心理教育を受けることによって、実際に生徒自身がさまざまなプ
ログラムを通じて、具体的な対処法を習得し、自他の気づきを得ることが目標である。

　心理教育の一般的なアプローチでは心理学的知見に基づいて開発された教育プログラ
ム（心理教育プログラム）を児童生徒に実施することになる。その代表的な心理教育プ
ログラムにはSST（ソーシャルスキルトレーニング）、ストレスマネジメント教育、構
成的グループエンカウンター、アンガーマネジメントなどがあげられる。ソーシャルス
キル教育は第2節、ストレスマネジメント教育は第3節に詳しく述べていく。

　予防的、開発的観点から心理教育を行なうことの必要性は多数報告され、また近年で
は心理教育の成果に関する観点も増え、その有効性が多数報告されており、小学校から
大学まで教育現場でも広く用いられている。

　心理教育は集団を対象として実践される。カウンセリングと異なり、グループを相手
に介入することによって、参加者同士のピアサポートも得られる。また1対1の個別支
援と比べ、1度の実施で多くの参加者に介入を行なうことが可能になる。この点が心理
教育実践のメリットといえる。国内外における心理教育実践では、外部スタッフにおけ

る心理の専門家が実践を行なっていることが多く、心理の専門家が実践の担い手として学校現場に入ること自体にも大きな意味がある。潜在的な問題をかかえる子どもの発見も心理実践の大きなメリットの一つと言える（下山、2013）。

　心理教育実践には課題も多く存在している。心理教育により、自己理解、他者理解が進む一方で、それによって影響を受け、気分が悪くなったり、体調を崩すという反応が出てくる可能性がある。何かあった際にはサポートやフォローアップできるような体制を可能な限り整えることが必要である。「授業」の実施や運営については専門外であるにも関わらず、「授業運営」することや、伝達したい内容を的確に参加者に伝達するのに難しさが残る。また参加者やクラスの雰囲気に合わせて、柔軟な授業展開を行なうことは難しい場合が多い。経験を積み心理教育の利点を活かせるような授業を行なうためには臨機応変に授業を運営できるように研鑽することが必要である。学校では授業カリキュラムが通年で組まれているため、学校側のニーズを把握したうえで、学校側と密に連携し、心理教育の意味やメリットを学校側や保護者に理解を求める必要がある。

　学校において、グループアプローチの手法として、構成的エンカウンター、アンガーマネジメントがある。次にそれらを説明する。

２．構成的エンカウンター

１）構成的グループエンカウンターとは

　エンカウンターとは「出会い」「心と心のふれあい」を意味する。エンカウンターはグループのメンバーがあるがままの自己を開示できることを目的とする。メンバー同士やメンバー間のリレーション（ふれあい：本音と本音の交流）を形成するからである。その流れをスムーズに展開するためにグループ状況でのエンカウンターが「構成」されているのが、構成的グループエンカウンター（Structured Group Encounter：SGE）である。

　構成的グループエンカウンターは、ふれあいと自他発見（自他の固有性、独自性、かけがえのなさの発見）を目標とし、個人の行動変容を目的としている（國分、1992）。

　グループを組んで多種多様なエクササイズを行ない、そこでの言動を振り返り、感じたことを分かち合って（シェアリング、sharing）、自己、他者、集団を見つめていく。本音と本音が交流しあう中で、自己の認知、感情、行動が変容し、新しい出会いが生じる。２本柱（エクササイズとシェアリング）を用い、グループサイズ、時間、ステップ、役割、ルールや方法などを決めて行なう点が「構成的」というわけである。構成的エンカウンターは教育関係者に注目、応用され、効果も検討されている。定型化されたエクササイズやプログラム、展開の仕方があり、グループアプローチの手法を熟知していない教員にも活用しやすいのである。

２）構成的エンカウンターの展開

　構成的エンカウンターの展開は主に次のような流れで実施される。

①インストラクション：エクササイズのねらいや内容、留意点や取り組む方法をリーダーが簡潔に具体的に説明する。

②ウォーミングアップ：エクササイズの意味づけやレディネスを整えることである。子どもはどんなことをするのか緊張することがある、そのような不安を取り除き、メンバーの緊張緩和のねらいの一つである。

③エクササイズ：ウォーミングアップによりお互いの表情が穏やかになってきたところで、教員の指示によりエクササイズを実施する。メンバーの心理面の発達を促進する、リレーションの形成の向上を意図して作られた課題のことである。エクササイズの種類は「自己理解」「他者理解」「自己受容」「自己表現・自己主張」「感受性の促進」「信頼体験」の６つの目標とするものである。

④シェアリング：集団体験を通して得た感情や思いを、他者と分かち合うことを通して、自分の中で意識化して確認することである。

　エクササイズの後の感想をカードに書き、子どもたちで見せ合ったり、発表しあうと楽しいシェアリングになる。子どものエクササイズの感想を教員が聞いたら、その感想をまた子どもたちにフィードバックすることはお互いの気づきを高めるのに有効である。

３．アンガーマネジメント

１）アンガーマネジメントとは

　アンガーマネジメントは怒りの感情が起こった時の一時的な対処スキルを身につけるだけではなく、日常生活の中で怒りの感情が過度に起こらないために、衝動的に、破壊的な言動を減らすために行なう感情のコントロール方法である。そのために、自分の怒りの感情を正しく理解し、自分の考えや感情を他者に適切な表現で伝え、より良い人間関係を築くことを目標にしている。

　ドナルド・マイケンバウム（Meichenbaum, 1989）は認知行動療法を用いて不安の治療に成功し、ノヴァコ（Novaco, 1976）はマイケンバウムが開発した「ストレス免疫訓練法」を1970年にアンガーマネジメントに応用した。

　アンガーマネジメントのバックボーンは認知行動療法である。認知行動療法とは日常生活の中で起きる出来事に関する認知、感情、身体反応、行動の悪循環を見直し、問題解決を目指す心理療法である。人のものの考え方、信念こそが感情や行動の問題を引き起こすのだととらえ、「治療」はクライエントの思考パターンや信念を変容させることに力点がおかれる。認知行動療法はクライエント中心療法に比較すると新しい立場であ

り、近年盛んになりつつある。

2）アンガーマネジメントの目標

　アンガーマネジメントは怒りの感情が頻繁に起こることで破壊的な問題行動をとったり、人間関係が悪化するのを減らすためのものである。そのために、ストレスの原因によって起こる怒りの感情を弱め、ストレッサーを適切に対処し、その怒りの感情を適切な形で表現できるようになることを目標にしている。

　アンガーマネジメントには目標を達成するための2つの原則がある（Kassinove & Tafrate, 2002）。

①知識の獲得：怒りの感情が起こった原因や頻度で強度が高く継続する怒りの感情に関連する多くの問題についての知識を得る。

②練習と実践：アンガーマネジメントプログラムの実施者（教員やカウンセラーなど）は、プログラムを受ける対象者が練習や実践を重ねることで、新しい行動の獲得や変化を生じるように促進する。

3）アンガーマネジメントの4つの領域

　アンガーマネジメントを達成するために、アンガーマネジメントで学ぶ内容は4つの領域から成り立っている（佐藤、2018）。ストレスマネジメントや認知変容は個人でできる作業であり、傾聴やアサーティブコミュニケーションは人間関係を築くうえで必須なものとして学んでいく。

①ストレスマネジメント：ストレッサーにより引き起こされる感情（怒り、不安、焦りなど）や身体の状態に気付き、心身を落ち着かせる技法を学ぶ。

②認知変容：自分の思考の傾向を知り、それをより柔軟な考え方に変容していく。

③傾聴：相手を理解するために相手に関心を持ち、相手が話す内容に注意を払い、丁寧に耳を傾ける傾聴の技法や心の姿勢を学ぶ。

④アサーティブコミュニケーション：相手の感情や考えを尊重し、そのうえで自分の感情や考えを誠実に、率直に、相手にわかるように伝える自他尊重のコミュニケーション技法を学ぶ。

　アンガーマネジメントでは怒りの感情、ネガティブな感情、ポジティブな感情も学び、両方の感情が一人の人間の中にあることを学ぶ。怒りの感情を悪い感情として抑え込まず、適切な方法で相手に自分の感情や考えを伝え、より良い人間関係を築くのがアンガーマネジメントである。学校現場でいろいろな学習時間にアンガーマネジメント教育が導入され、子どもたちが自分の感情を知り、実践しながら学ぶことが望まれる。

第2節　ソーシャルスキル教育

1．ソーシャルスキルとは何か

　ソーシャルスキルは心理学のみならず精神医学、社会学、心身障害学、教育学などのさまざまな分野から研究されている。まずソーシャルスキルはsocialの訳である。ただし一般的な意味で使われる「社会的」という意味が表わすほどには、「ソーシャルスキル」の「社会的」は広範囲ではない。ほぼ「対人的」と同義である。つまり個人と個人の、あるいは個人と集団との相互作用や関係に関連したことを意味している。また「スキル」とは技能という訳語に近い意味であり、体験や訓練を通じて、つまり学習によって獲得された反応、およびその反応を可能にしている能力のことである。

　ソーシャルスキルとは、対人的場面の中で対人関係を円滑に運ぶための必要なスキルと言われている（佐藤ら、1986）。この相互作用のためのスキルは仲間との協同遊びによってもっとも発達させられると言われている。

2．ソーシャルスキルの獲得とソーシャルスキル獲得の困難さ

　ソーシャルスキルは生まれながらにして人間に備わっている能力だけでなく、家庭や学校、友人、社会との関わりの中で、周囲から教えてもらったり、人との関わりを通して身につけて学んでいくものである。しかし社会性やソーシャルスキル獲得や使用に困難を抱える「支援の必要な人たち」は「周囲から教えてもらう」「周囲から学ぶ」だけでは、ソーシャルスキルの知識や技能を獲得していくことが困難なのである。その困難さは「周囲から教えてもらう」ことがあっても、その場限りになってしまい身に付きにくい。そのため子どもの状況をアセスメントし、必要となるソーシャルスキルを特定し、その獲得に向けて環境設定や指導が展開されることが重要になる。

3．アセスメント

　子どもの発達には身体的、心理的、環境的要因が相互に深く関わりあっている。発達のアセスメントをする目的は、適切な保育、教育につなげるためであり、子どもを総合的に把握することが大切である。重要な情報となるのは、小学校、保育所、幼稚園などの集団における子どもの状況の情報や、保護者から聞き取る家庭の状況の情報（家族の成員、保護者の就労状況や健康状態、生活習慣、生育史など）である。これに加えて、専門家によって行なわれる行動観察や発達検査や心理検査は子どもの発達状態を適切にアセスメントし、今後の指導の在り方にも示唆を与える。

4．ソーシャルスキル教育の技法（方法）

　ソーシャルスキル教育の技法には、言語的教示、モデリング、強化、フィードバック、行動リハーサル、ロールプレイなどさまざまな技法がある。

1）言語的教示

　すべきことを言葉で説明し、指示して教えることである。言葉のみではわかりにくいので、言語理解能力に応じて、写真や、絵、シンボル、手順などを示しながら、視覚的な支援をする。その際には抽象的に伝えるのではなく、なるべく具体的なスキルを伝え、そのことがどのように今後につながっていくのか、見通しをもてるサポートをすることが重要である。

2）モデリング

　身近な保護者、教員、きょうだい、友達はすべてモデルになる。モデル（他者）の行動と、その結果（賞や罰）を観察することにより、観察者の行動に変化が生じる現象のことである。これは「観察学習」「モデリング」と呼ばれ、本人が直接褒められたり、叱られたり（強化）されなくても、他人が叱られたり、褒められたりするのを観察するだけで代理的に学習することができるメカニズムである。読み取りが難しい対象者には、どこを見れば（模倣すれば）よいかを具体的に教示する。

3）強化（褒める、叱る）

　生物がある反応をした直後に提示することで、その後にその反応をする相対頻度を高める、反応が強められる過程のことである。頑張って勉強している姿を見て、「頑張っているね」と褒められれば正の強化になり、さぼっていて、「ちゃんと勉強しなさい」と怒られれば負の強化を与えることになる。ソーシャルスキルの獲得には、子どもの自発的な対人行動に随伴して、褒めたり注意したりすることが必要である。いつも騒いでいるのに落ち着いているときなど、「落ち着いてできているね」と、どのような行動が具体的に求められているのかという枠組みを伝えていくことが必要である。望ましい行動は当然と思いがちで声をかけずにいることが多いので、その行動に関して、過度に褒めずとも、その行動をしていることを認めていくことが、行動を定着させていく。

4）フィードバック

　自分のパフォーマンスや行動に関して、途中経過や結果などの情報が与えられることである。言葉で教えられ、モデルを観察するだけでなく、ソーシャルスキルが各生徒の行動に深く学習されるためには、自分の行動が他者から見てどうだったか、行動がよかっ

たのか、修正したほうがよいのか、振り返り評価する、というフィードバックを与えていくことが必要である。その際「○○はとても良かった。」「◎◎するとさらに…と受け止めることができるからいいと思うよ」とどこが良かったのか、改善した方がよいのか理解でき、本人が意欲的に取り組める関わり方が望まれる。またどのような場面においても実践できるために、本人が取り巻く環境への働きかけも考えていく。

5）リハーサル

　遊びやゲームの中で練習したり、ワークシートを用いて確認しながら、何度も繰り返して、リハーサルをしていくことが重要である。ソーシャルスキルのこうした繰り返しである練習はわざわざ時間をとらなくても生活の中でできることである。頭の中で「○○するといいんだ」と言語的なリハーサルをしたり、何度もイメージトレーニングすることも有効である。実際に身体を通して行動リハーサルすることによって、子どもたちの行動レパートリーの中に新しいソーシャルスキルが定着していくのである。遊びの中で自然にリハーサルできる機会、実際に動いて身体で覚えていったり、ロールプレイングや劇遊びなどで練習していくなど、楽しみながら重ねていける工夫が望まれる。失敗と思われることがあっても、失敗ではなく、上手くいかなかった過程も含めて学びであるといえる。

5．ソーシャルスキル教育の実際

1）社会的不適応を示す子どもに対するソーシャルスキルトレーニング

　仲間関係が築けない子どもに対する援助法として、ソーシャルスキルトレーニング（Social Skills Training：SST）が考案され実践されている（Matson & Ollendick, 1993）。

　攻撃的な幼児のソーシャルスキル訓練（佐藤ら、1993）では、ルールの遵守を認識し、ルールを用いて、自分達の遊びを広げられるようにしていくことが、ソーシャルスキルの形成の主内容であるという必要性から取り組まれた。

　仲間遊びが持続しない幼児のソーシャルスキル訓練研究（前田、1995）では、①表情を柔らかくし、友だちに笑顔で接する、②仲間遊びへの参加と応答、③遊びの提案をしたり、仲間を遊びにさそう、④友だちとトラブルが生じたとき先生に頼ったり、泣いたりしないで自分で解決しようとする、⑤アイコンタクト、等が行なわれていた。

2）クラス単位での集団ソーシャルスキルトレーニング

　ソーシャルスキルトレーニングは何らかの社会的不適応を示す子どもに対して個別的に小集団で行なわれてきている。しかし昨今では予防的、教育的な観点からクラス単位での集団ソーシャルスキルトレーニングも行なわれてきている（藤枝ら、1999；福田、

1998)。幼児期におけるソーシャルスキルの問題は幼児期における不適応のみならず、児童期以降の不適応と結びつくこと（前田、1995）、幼児期の段階で早期にソーシャルスキルの問題を改善するほうが仲間関係への適応が高まりやすいことからも、乳幼児期におけるソーシャルスキルの形成を重視し、今後、保育者自身がソーシャルスキル指導を行なう実践がさらに積み重ねられていく必要がある。

　ソーシャルスキル介入によって対象児の問題行動が改善されても、他児がソーシャルスキルトレーニングを受けていないために、対象児の行動上の変化を認知しにくく、フィードバックを与えにくい（藤枝ら、1999）。一度仲間から否定的な評価を受けてしまった子どもは、その評判を回復するのは困難である（Zaragoza,Vaughn, & Mclntosh, 1991）などの問題点も示されている。このことは、子どもを取り巻く仲間関係の認知をも変容する必要性があること、クラス単位でのソーシャルスキルトレーニングをすることの意義が示唆されている。

3）いじめ予防のためのソーシャルスキル教育

　近年いじめ予防の観点から注目されているプログラムに、S. S. GRIN-A（Social Skills GRoup Intervention For Adolescents）と呼ばれるプログラムがある。このプログラムはもともと社会的学習理論および認知行動療法をベースにして、DeRosier博士が子どものソーシャルスキルと仲間関係を形成するために小集団向けに展開されている。13〜16歳を対象にしており、心理学者、スクールカウンセラー、ソーシャルワーカー向けにデザインされている。

4）ソーシャルスキル教育を学校全体で展開していくために

　ソーシャルスキル教育を学校全体で展開していくためには、まず校内体制を整えていく必要がある。何か新しいことを学校内で始めていくには、トップダウンの発想で意識改革を求めるよりも、担任教員からの提案で進んでいくといったボトムアップによって行なうことが有効であることも指摘されている（吉川、1999）。

　ソーシャルスキル教育は、子どもに対して、「インストラクション」「モデリング」「リハーサル」「フィードバック」といった方法を用いて新しいソーシャルスキルを教えていく。

　この方法はソーシャルスキル教育を全く知らない先生たちが授業の実践ができるように支援していくヒントとしても考えることができる（小林、2009）。

①校内研修

　ソーシャルスキル教育を実践するにあたり、まずソーシャルスキル教育がどういうものなのか、なぜこのような実践を行なう必要があるのか、教員に理解してもらう必要がある。それには校内研修会を行なうとよい。ソーシャルスキル教育で用いる「インストラクション」に該当する部分である。人とのコミュニケーションの経験不足によって引

き起こされる問題点を説明し、問題点を解決するためにソーシャルスキル教育が役立つことを解説する。

②研究授業

　ソーシャルスキル教育の授業を見ることにより、研修で受けた内容を具体的にイメージできるようになる。これは「モデリング」ととらえることができる。そのため校内研修後はできるだけ模範授業となる研究授業を行ない、多くの教員が授業を参観できるような体制を整えて行なうとよい。

③事後検討会

　研究授業が終わった後には事後検討会を行なう。これは教員がソーシャルスキル教育の授業を学ぶための「モデリング」と「フィードバック」の機会ととらえることができる。授業者から授業の狙いや子どもたちについて述べてもらい、参観した教員から自分だったらどのように授業を展開するかの考えを出してもらったり、なぜあの場面であの発問をしたのか、「質問」をしてもらったりして、全体で協議をする。

④学級での実践

　校内研修会でソーシャルスキル教育のやり方を学び、実際に先生方に授業をしてもらう「リハーサル」の段階である。実際に授業をすると子どもたちからの反応があり、教員の工夫や実践上の疑問が生まれる。実践上の疑問はコンサルテーションを受ける中で解決していけることが望ましい。コンサルテーションとは、異なった専門性や役割を持つ者同士が児童生徒の問題状況を検討し、今後の援助の在り方について話し合うプロセス（作戦会議）（石隈、1999）とされている。コンサルティ（教員）はコンサルタントである、ソーシャルスキル教育の専門家（スクールカウンセラー）の支援を活用しながら、自分の責任の下で判断し、ソーシャルスキル教育を実践していくことになる。

⑤校内でのアイディアの共有

　教員の工夫や実践上の疑問を教員一人で完結し、コンサルタントとの個人的なやり取りで終わらせず、教員全体で共有できるとよい。校内で教員の工夫や実践上の疑問が共有できると校内の授業実践が深まるだけでなく、学校全体で年間計画を検討したり、子どもの実態に応じて、ソーシャルスキル教育を行なえるようになる。

第3節　ストレスマネジメント教育

1．なぜ今ストレスマネジメント教育なのか

　平成30年度児童生徒の問題行動・不登校等生徒指導上の諸課題に関する調査結果（文部科学省、2019）によれば、小・中・高等学校及び特別支援学校におけるいじめの認知件数は543,933件（前年度414,378件）と前年度より129,555件増加しており、児童生徒1,000

人当たりの認知件数は40.9件（前年度30.9件）である。

　小・中学校における、不登校児童生徒数は164,528人（前年度144,031人）であり、不登校児童生徒の割合は1.7%（前年度1.5%）である。不登校の要因を「本人に係る要因」で見ると、「『不安』の傾向がある」では、「家庭に係る状況（31.3%）」、「いじめを除く友人関係をめぐる問題（30.6%）」が多い。「『学校における人間関係』に課題を抱えている」では、「いじめを除く友人関係をめぐる問題（72.4%）」が突出している。

　不登校、いじめなどの問題が起きてから事後対策的、対処療法的対応では生徒にとっても、教員にとってもあまりにも負担が大きい。ストレスマネジメントの最大の利点は、一次予防として、子どもたちが抱えるさまざまな問題を未然に防ぐことができるということである。学校における子どもたちのストレスの現状やストレス反応としての心身の不調や問題行動の実態を考えるとき、一次予防としてのストレスマネジメント教育の必要性は非常に高くなっている。

2．ストレスマネジメント教育のタイプ

1）一次予防

　上記にも説明したが、ストレスマネジメントの一次予防として、現在健康で、何もストレスに悩んでいない子ども達に、病気にならない方法や健康によい方法を教える。将来ストレスの多い社会に出たときにどうするか、そのために今から何をしておくべきかを教える。

2）二次予防

　二次予防はちょっと健康に不安な、すでにリスクを持った人が対象になる。問題は顕在化していないが、教育指導上の配慮を必要とする児童・生徒に対する援助である。こうしたリスクをもった子どもたちに、現状を気づかせ、よりよい対処法を身につけさせる。

3）三次予防

　三次予防とはいったん病気に陥った後、回復過程にある人を対象にして、再び同じ病気にならないようにリハビリテーションを通じて指導を与えるものである。ストレスで鬱症状が強くなり、しばらく学校を休んで通院していた子どもが症状の回復を待って再び勉強を始めた時に保健室や相談室などで実施するのがこれに該当する。

4）ストレスマネジメント教育の定義

　ストレスマネジメント教育の定義を「ストレスマネジメント教育はストレス反応を低減させ、心身の健康を保ち各人の本来の能力を十分に発揮できる条件を維持してより良

い人生を送らせることが最終の目標である」としている（大野ら、2006）。ストレスマネジメント教育の最終的な目標は「健康生活の基盤となる主体的な自己活動」を活性化させ、主体的に生きる力をはぐくみ、「人生の質（QOL）を向上」させることにある（山中ら、2000）。

　ストレスマネジメント教育は心身の健康部分に焦点を合わせ、それらを育成し、その活性化を促進させるのが目的であり、その結果子どもたちの主体的に生きる力をはぐくむという予防的、育成的視点である。こうした従来から言われてきた、予防的、育成的視点に加えて、新しいスタンスでの心理臨床的視点が考えられてきている。それはストレスマネジメント教育を通してストレスをより積極的に活用していくという未来志向的、解決志向的視点を重視しているということである。未来志向的、解決志向的視点とは、ストレスマネジメント教育を通して得られた主体的な回復を原動力として、全ての人間は問題を解決するのに十分な潜在力を、自己成長力を持っていることを子どもたちに伝えていくのを大切にする視点である。ストレスマネジメント教育は自己理解を深めるための内省的構えを育成し、自尊感情や自己効力感をさらに高めることに役立つのである。

3．ストレスマネジメント教育の内容と段階

1）ストレスマネジメント教育の内容

　竹中（1997）はストレスマネジメント教育を「ストレスの本質を知り、ストレスに打ち勝つ手段を習得することを目的とした健康教育である」とし、その内容として「ストレッサー」（社会心理的ストレス源）への気づき、ストレス事態への生体反応（ストレス反応）への気づき、ストレス反応を抑える技法の習得」という3要素をあげている。この指摘はストレスマネジメント教育を健康教育の範疇でとらえているのが特徴であり、その点は従来なかった発想として評価できる。しかしストレス対処法を習得しても実際に生活の中でそれが活用されなければ、予防としての効力は発揮されなくなる。

　ストレスマネジメント教育の内容に関して、山中ら（2000）は竹中（1997）の示した

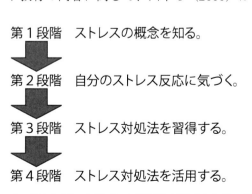

第1段階　ストレスの概念を知る。

第2段階　自分のストレス反応に気づく。

第3段階　ストレス対処法を習得する。

第4段階　ストレス対処法を活用する。

図7−1　ストレスマネジメント教育の内容（山中ら、2000）

三要素に加えて、ストレス対処法を主体的に活用できることも大切な要素として以下の4つの段階に分けて示している。

2）ストレスマネジメント教育の段階
①第1段階　ストレスの概念を知る

　ストレスマネジメント教育の第一歩はストレスの概念を知ることから始まる。ラザルス（Lazarus, R. S., 1984）らの心理社会的ストレスモデルを子どもたちにわかりやすく図示して、ストレッサーからストレス反応までの具体的なストレスの流れを具体的に伝えていくことが大切である。

　子どもたちは概してストレスに対して「ストレスは嫌だ」「ストレスに負けない」などと対決的なイメージを持っていることが多いので、それに対して、「ストレスと上手に向き合うこと」が大切であること。そしてストレスを「よりよく生きるための力」として活用するという基本的な姿勢を伝えていくことがコツである。

②第2段階　自分のストレスに気づく

　ストレスの概念を把握できたら、次に自分自身のストレス評価によって自分のストレスに気づくことが第2段階である。自分のストレスに気づくことは予防的な教育としてのストレスマネジメント教育の基本的な部分である。

　自分のストレスに気づく方法にはストレスチェックを活用して、自分のストレス度を測定する方法、そしてストレスに対する自分なりの認知的評価（ストレスへの感じ方、受け止め方）の特徴を知ること。さらには、自分なりのストレス対処法（ストレスコーピング）の特徴を知ることなどがある。

　ストレスチェックに関しては、個人用と集団用といくつかの尺度がある。例えば個人用では状態不安や特性不安の尺度（STAIなど）、自尊感情や自己効力感を評価する尺度（子ども版自尊感情尺度など）、集団用では学級雰囲気尺度などがある。こうした尺度を活用することで、子どもたちが自分のストレスの実態を客観的に知ることに役立つ。

　教員側のこうしたストレスチェックは子どもの心の状態を客観的に知るきっかけになる。しかしこうした尺度だけで子どもを判断せず、日常的な子どもたちの表情や態度、行動からの判断と合わせて、子ども理解をしていく必要がある。

　認知的評価の特徴を子どもが知ることにより、子どもたちは自分を振り返る。またストレス対処法（ストレスコーピング法）の特徴を知ることも子どもたちにとっては大切である。特に破壊型、感情抑制型、依存型などの望ましくないストレス対処法を身に着けてしまっている子どもをこうした段階で発見し、望ましいストレス対処法に修正させてやることも予防的教育の重要な部分である。

③第3段階　ストレス対処法を習得する

　次の段階は具体的なストレス対処法としてのストレスマネジメント技法を体験的に習

表7-1　Patel（1989）の技法分類（山中、2013）

方法	具体例
1．呼吸法	腹式呼吸（仰向け・うつ伏せ姿勢、二者択一的鼻孔呼吸法など）
2．身体的リラクセーション	漸進性弛緩法、自立訓練方法、ヨーガのリラクセーション、バイオフィードバック法
3．精神的リラクセーション	東洋的行法、瞑想法、アレキサンダーテクニック、イメージ法
4．コミュニケーションの向上	自己主張訓練、怒りのコントロールなど
5．認知的ストレスマネジメント方略	気づき、積極的セルフ・トーク、問題解決スキル
6．栄養と健康的なライフスタイルの確立	栄養摂取、体重のコントロール、禁煙など
7．体力の改善	ウォーミングアップ体操、ウォーキング、ジョギングなど
8．ソーシャルサポート	情動的支援、物理的支援、情報的支援、評価的支援など
9．対人スキル	敵意攻撃タイプの対処法、不平不満タイプへの対処法

得する段階である。ストレスマネジメント技法に関しては、Patel（1989）が誰もが自分で実行可能な具体的ストレスマネジメント技法として、ストレスマネジメント技法を分類しており、よくまとまっている（表7-1）。

④第4段階　ストレス対処法を活用する

　第3段階までのストレスマネジメント教育によって、子どもたちのストレスのことを正しく理解し、さまざまなストレス対処法を身につければ、どのような場所においても習得した対処法を活用できるようになる。その結果子どもたちはストレスを否定的に捉えることからストレスをよりよく生きるための活力として活用できるようになる。

第8章　家族の理解と支援

―― 学びのポイントとキーワード ――

　家族の現状として形態が多様化していること、親が子育てをしていく上でサポートを得にくい状況になっていることを知る。そして保育者や教員が、家族を支援する上で原因探しをしない「システム」としての家族の見方を理解する。

　また保育者や教員が具体的に親とどう関わっていくかという基本姿勢を知り、その実際について小学校での事例を通して理解する。

キーワード：「システム」としての家族、肯定的配慮、日常的な関係作り、親育

第1節　家族関係の現状と理解

1．現在の家族の置かれている状況

　現在の家族形態は血縁関係で結ばれた従来の家族の形態から事実婚、ステップファミリー、養子縁組、同性婚などと多様化してきている。

　核家族（夫婦のみ世帯、夫婦と子世帯、ひとり親と子世帯）の占める割合は一貫して増加しており今後も増加を続けることが見込まれている。さらに三世代世帯の割合は1986年の27.0％から約30年後の2018年は13.6％と半分になっており、三世代世帯の割合

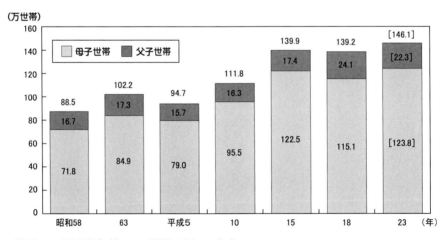

（備考）1．厚生労働省「全国母子世帯等調査」より作成。
　　　　2．各年11月1日現在。
　　　　3．母子（父子）世帯は、父（又は母）のいない児童（満20歳未満の子供であって、未婚のもの）がその母（又は父）によって養育されている世帯。母子又は父子以外の同居者がいる世帯を含む。
　　　　4．平成23年値（［　］表示）は、岩手県、宮城県及び福島県を除く。

図8－1　母子世帯数及び父子世帯数の推移

が大幅に減少している（厚生労働省　2019）。これは子育て経験を持つ祖父母からのサポートを受ける機会が減っている、ということである。また近年の離婚数の増加に伴い、ひとり親家庭（母子家庭・父子家庭）は昭和58年から平成23年の30年間で母子家庭は約1.7倍に、父子家庭は約1.3倍に増加している（内閣府　図8－1）。

　これらのことから、現在の家族では、親は１人あるいは夫婦２人で子育てを行なっていることが多いということがわかる。近年地域社会の繋がりが希薄になったことや、祖父母のサポートを得にくいことを考え合わせると、周りからのサポートを得にくい"孤育て"という状況に陥る可能性があるということがいえる。

　また経済的な問題による行き場のない不安や社会情勢などへの不満、閉塞感を抱える中で虐待やDVといった問題が出てくる可能性が懸念される。このような子どもを取り巻く家族の問題は子どもの心身の成長へ大きく影響を及ぼすと考えられる。

Column | 児童虐待（= child abuse）とは

　西澤（2015）は児童虐待child abuseを「子ども乱用」と訳した。「子ども乱用とは、子どもの存在や子どもとの関係を『利用』し、本来の親子関係における子どもの欲求や要求ではなく、親が自らの欲求や要求を満足させるために行なう行為を意味する」（西澤、2015）。つまり虐待とは親自らの欲求を満たすためだけの行為であると考えられる。

　厚生労働省（2020）は児童虐待を以下の４種類に分類し定義している。

　身体的虐待…殴る、蹴る、叩く、投げ落とす、激しく揺さぶる、やけどを負わせる、溺れさせる、首を絞める、縄などにより一室に拘束する　など

　性的虐待……子どもへの性的行為、性的行為を見せる、性器を触る又は触らせる、ポルノグラフィの被写体にする　など

　ネグレクト…家に閉じ込める、食事を与えない、ひどく不潔にする、自動車の中に放置する、重い病気になっても病院に連れて行かない　など

　心理的虐待…言葉による脅し、無視、きょうだい間での差別的扱い、子どもの目の前で家族に対して暴力をふるう（ドメスティックバイオレンス：DV）、きょうだいに虐待行為を行なう　など

　児童虐待相談件数は年々増加しており（図8－2）、2017年度児童相談所における児童虐待相談件数133,778件の内、心理的虐待72,197件（54.0％）、次いで身体的虐待33,223件（24.8％）、保護の怠慢、拒否（ネグレクト）26,821件（20.0％）である。虐待者は実母46.9％、実父40.7％であり（厚生労働省、2018）、親子関係の歪みが指摘されている。

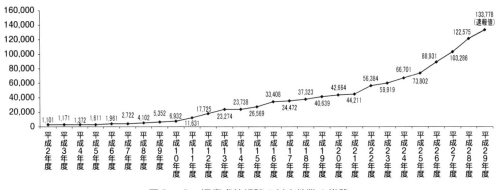

図8−2　児童虐待相談の対応件数の推移

> ## Column | ドメスティックバイオレンス（DV）とは（内閣府、2020）
>
> 　日本では「配偶者や恋人など親密な関係にある、またはあった者から振るわれる暴力」という意味で使われることが多い。DVにみられる暴力の種類としては、身体的暴力、性的暴力、精神的暴力などがあり、配偶者間暴力相談センターにおける相談件数は年々増加傾向にある。2004年（平成16年）の「児童虐待の防止等に関する法律」の改正により、子どもの目前でのDVも児童虐待（心理的虐待）に当たることが明確化され、子どもへの影響が懸念されている。

2.「システム」としての家族の理解

　子どもの問題行動がおこった時、親の関わり方を問題視する見方が多い。しかし、このように個々の家族メンバーの行動のみで見るのではなく、他の家族成員との相互関係や家族全体のバランスから理解しようとする、つまり家族をシステムとして見る見方がある。家族をシステムとして見ると「母親が過保護な育て方をするから子どもが不登校になる」というように原因と結果を直線的因果律では考えない。母親が子どもに過保護になるのは、仕事にかまけて家庭を顧みない父親への失望感が「原因」になっているかもしれないからだ。父親が仕事にのめりこむのは、家庭で妻子から疎外されていると感じていることが原因になっているかもしれない。その子どもが意気消沈しているのは、両親の不仲を心配していることが原因になっている可能性も否定できない。つまりそれぞれの心理状態が相互に「原因」でも「結果」でもありうる（亀口、1999）。（図8−3）このような考え方をすることで家族の中で「誰のせいで」という原因探しをすることはなくなってくる。家族を支援するときにこのように原因探しをするのではなく、家族全員に肯定的配慮を向けることによって、家族が子どもの問題行動を含めて陥っている悪

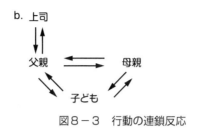

図8－3　行動の連鎖反応

〔亀口（2003）を参考に作成〕

循環を止め、家族が自ら変わり始めることもある。

第2節　家族への支援－特に親への支援

　第1節で述べたように、ひとり親か夫婦のみで子育てをする状況の中で親が子育てについての不安や悩みを感じた時に、保育者や教員は子どもの生活に関しての身近な相談相手として大きな役割を担っている。複雑な現代社会を背景として家庭内のさまざまな問題が起こる中で、子どもに対してだけでなくその家族を含めた理解や援助が必要になってくるのである。ここでは家族の中でも親に対して実際どのような関わりをしたらよいかということを考えていきたい。

1. 親への支援につながるまで

　保育者や教員が「園や学校での子どもの様子を知らせたい」と思ったり、親が「子どものことについて相談したい」と思うときには、保育者・教員と親の日頃のつながりや関係性が大切になる。

1）日常的な関わり－コミュニケーションの大切さ

　園では毎日の子どもの送り迎えのときや懇談会、学校では家庭訪問や学級懇談会、学期ごとの個人懇談などで、親との日々の挨拶や何気ないコミュニケーションを重ね関係を深めることが大切になる。園や学校での生活で子どもに気になる様子が見えたときに日頃コミュニケーションをとっておけば、親への連絡をスムーズに行なうことができる。
　また保育者・教員自身も職場や組織の中で、日頃からコミュニケーションをとることを心がけ、同僚や管理職に気軽に相談できる関係作りをしておくことが大切である。何か子どもに気になることがあった時に、担任だけでなく管理職、養護教諭など多くの教

職員の眼で子どもを見て、園や学校全体で子どもを支えていく体制つくりをしておきたい。

2）子どもに気になることがあった時

　最近の親の中には、気軽に相談できるママ友や保護者同士の繋がりなどヒューマンネットワークを持ちにくい親も多い。また学校でのトラブルがあった時に子どもから一方的な話を聞いて不安になる親も多い。教員は子ども同士のトラブルや子どもに気になることがあった時には、送り迎えの時や連絡帳、電話、場合によっては家庭訪問をして簡単でもよいので報告をしておく。事実関係を伝え、今後も園や学校で様子を見ていくことを伝えるだけで安心する親も多い。

2．親との関わりの基本的姿勢

　次に具体的に親と関わるときはどのような対応が大切かを村瀬（2018）がまとめた心理療法の基本を参考にして、考えてみたい。

1）親の自尊心を大切にすること

　保育者や教員から見ると子育ての中での親の問題が見えてくることもある。「もう少し違う関わり方をしたらいいのに…」と感じることもあるだろう。しかしまずは批判的に見るのではなく、親の頑張りや苦労をねぎらい、親を悪者にしない工夫が大切になる。まわりの人が親の関わりのうまくいったところを伝えることで親にとって大きなエネルギーになることもある。

2）保育者や教員が所属する組織の中での自分の立場、専門性の技量を自覚すること

　親との信頼関係ができてくると、携帯電話の番号やアドレスなど個人情報を尋ねられることがある。そして場合によっては親の期待に応えたいという思いからプライベートな時間を使って対応をしてしまうこともある。カウンセリングでは場所や時間といった面接構造が大切になるが、保育者や教員も相談の枠組みを意識して①親からの相談は園や学校を通して行なう②個人情報は伝えない③相談の経過の中で自分の能力を超えていると判断したら、管理職に相談をしたり、組織内の担当者に適切な相談機関を紹介してもらうなど、自分だけで抱え込まない工夫が必要になるだろう。

3）保育者や教員が親と一緒に子どもを育てているという姿勢をもつこと

　一般的に親は子どもに振り回され、親自身の関わり方の問題や癖が見えていないことが多い。そんな時には子どもの問題行動の意味についての情報提供や助言をし、教育的な働きかけを行なうことが有効なときもある。例えばインターネットの情報で不安になっ

ている親に対して正しい情報を提供するなどである。しかし、あくまで子どものことを一番知っているのは親であり「子どものことを教えてもらう」という姿勢をもつことが大切になる。一般論だけでなく、その子どもにとってのオーダーメイドのやり方を親と保育者・教員が一緒に考えていくといった姿勢が大切なのである。

４）子どもの置かれている環境や状況を理解する

　子どもの置かれている環境や状況を正しく理解しておくことは、子どもや親を見ていくときに非常に大切な視点である。また家族成員やそれぞれの家族の仕事や生活の状況、健康状態やサポートしてくれる人がいるのかなど子どもの生活状況を知っておくことは親の気持ちを理解する上でも大切である。例えば親の迎えが遅く子どもが寂しがる様子を見て「もっと早くお迎えに来てくれたらいいのに」と感じることもある。しかしその家庭の状況を知ることで、親を批判的に捉えるのではなく、ゆとりをもって関わることができるようになる。このように保育者や教員が目の前の子どもの状況だけでなく、子どもの生活状況にも目を向けることで、個人的な感情に振り回されない対応が可能になってくる。

５）親の潜在可能性やレジリエンスを信じて関わる

　保育者や教員からみてどんなに困った親であっても、「親には任せられない」と考えたり問題を抱え込むのではなく、親の潜在可能性やレジリエンス（精神的回復力）を信じて関わることが大切になる。一見どんな困った親であっても、さまざまな人や出来事との出会いにより変わっていくことができる。おたよりなどを使って、子育てや子どもの発達に関わることなどの情報の発信をしたり、PTAで行なわれている保護者向けの研修会や保護者が集って子育ての悩みを話せるような催しがあれば、積極的に紹介していくのも保育者や教員の大切な関わりになる。

６）子どもの問題そのものは解決しなくても、子どもへの見方に余裕が生まれ親が生活しやすくなることを目指す

　子どもの問題は早期に解決するものばかりではなく、長期にわたって関わりつづける必要があるものが多い。しかしその問題とうまく付き合っていく視点を持つことで気持ちに余裕を持って関われることが多い。例えば子どもの乱暴さは変わらなくても、普段の生活の中でふと見せた優しさなど、保育者や教員が日頃の関わりの中で感じた子どものよい点や頑張っている点を伝えることで親にゆとりが生まれる場合がある。子どもの小さな変化を見逃さず、親に伝えていくことも保育者や教員ならではの関わりになる。

第3節　親への支援の実践例

　ここでは幼児期、児童期に起こりがちな登校しぶりの事例、両親が学校への拒否感が強かった事例を取り上げ、関わりのポイントを挙げる。いずれもスクールカウンセラー（以下SC）が教員と連携して関わった事例である。

1．子どもの登校しぶりの事例

　小学校1年生A君は3人兄弟の次男。集団登校を嫌がるため母親も一緒に付き添って登校するが、母親が帰ろうとすると泣き喚く。SCとの母親面接では「母としてはA君の気持ちに寄り添いたいと思うものの、仕事や他の兄弟の世話もあり一日中付き添うことは難しいこと、他の兄弟がA君の様子に腹を立てて兄弟ケンカも増えてきたこと、同居している祖父母や父親から自分の子育ての仕方を責められること」を困り果てた様子で語った。そこでSCは担任と話し合い、母親の負担や不安が軽減するような工夫をした。具体的な工夫として、登校時に担任や管理職が母親から直接A君を預かり、A君がぐずる時には保健室で対応するなど母親がA君と離れやすいようにすること、担任が学校での様子を伝える時にA君が楽しそうにしているところを先に伝え、母親が心配になるようなことは後から控えめに伝えること、また担任だけでなく管理職やSCも含めて学校全体でA君を支える体制を作ることなどである。またSCは、母親面接でA君の様子を「誰でも新しい状況に入るときには不安になるし、新1年生によくみられることである」と伝えた。また担任がクラス懇談会のときに、母親とA君の友達の母親とをつないだことで遊びの行き来が始まり、子どもだけでなく母親の繋がりもできてきた。次第に母親も余裕をもって対応できるようになり、A君の様子も落ち着いてきた。

＜関わりのポイント＞
①母親が安心できるような情報の伝え方や支援の体制を工夫する
②A君の様子を学校全体で見守る体制つくりをする
③母親にA君の登校しぶりの意味を伝える
④母親同士をつなぐことで、親のコミュニティを作る

2．両親が学校に対して拒否的だった事例

　小学校2年のB君は学校で落ち着きなく立ち歩き、集団行動がとりにくく、担任は頭を抱えていた。担任が両親にB君の様子を話しても「家では困ったことはない。若い担任の関わ

りのせいではないか」と学校を非難した。学校側はB君の発達の問題を疑い特別支援コーディネーターを通して、両親に受診と発達障害の診断を受けるよう勧めるが、両親は拒否感を示し、学校に対しての態度を硬化させていた。学校側が「対応の難しい親」という見方を強める中、SCが介入し面接をすることになった。両親は最初SCに対しても否定的だったが、面接を重ねる中で親のB君に対する思いや診断に対しての不安を語るようになった。SCはそのような両親の思いを担任や管理職と共有していった。SCは両親に対して検査や診断を受けるメリット・デメリットについてや、検査結果を学校のB君への関わりに活かすという視点を提示し、検査を受けるか否かの結論を急がなくてもいいことを伝えた。担任はB君の家庭での様子をもっと知りたいというスタンスで家庭訪問や連絡帳でのやりとりを増やし、学校と家庭が協力をしてB君に関わっていくという姿勢を強調していった。B君の問題行動がすぐに落ち着くということはなかったが、対応の仕方をSCも含めて考えていくことで担任も余裕を持てるようになった。次第に両親の学校に対しての拒否感は薄れていき児童相談所で検査を受けることを決めた。そしてその検査結果を保護者、児童相談所、SC、担任で共有し、B君への関わりに活かしていくよう話し合いを持つことができた。

＜関わりのポイント＞
①学校と親の関係がこじれていたため、SCが介入した。教員だけで抱え込まずSCという第三者が介入したことで、親の思いを学校全体で共有でき親も学校側もお互いの理解を深めることができた。
②検査や診断について詳しく説明し、親に納得して受診を決めてもらうことができた。
③担任は親との連絡方法を増やし、コミュニケーションを密にした。また親にB君の家庭での様子を教えてもらい、家庭と学校が協力してB君を育てるという姿勢を強調した。

第4節　「親を育てる」という視点

　最近の親の特徴として、核家族化や生活習慣の変化から、「親」になるまでに子育てや子ども、特に乳幼児と接した経験がなく、どのように子どもと接したらよいのかわからないと感じたり、インターネットの情報に頼る親も少なくない。そのような親の子育ての経験不足を補うために、子育てに必要な親としての価値観を育てる「親育」の視点が重要になってくる。第2節で述べたような親への個々の関わりを基本としながら、園や学校においては保護者会、PTA活動で行なわれる保護者向け講演会やプリントなどを通して、子どもの心身の成長や親の関わり方などを学べる情報提供、また親同士のつながりを作って、よその家庭が子どもにどのように関わっているのかをモデリングしていく機会を提供していくことも必要となる。またそのような機会に、母親だけではな

く父親への参加を促すことも大切になる。また事例で示したように必要に応じてSCや
SSW（スクールソーシャルワーカー）など専門家が介入することによって、教員の親
への理解が深まり、複眼的視野から多面的に関わることのできる可能性がある。専門家
に繋いだり、児童相談所や他の機関と連携をしていくというように、親と関係機関を媒
介していくことも園や学校の大きな役割と言えるだろう。親に対して常に温かい関心を
向け、肯定的配慮をしながら関わること、そして親の生き難さを和らげる視点を持って
関わることが、家族全体を支え家族の変化を生むことになるのである。

第9章　関係機関との連携

─── 学びのポイントとキーワード ───

　園や学校と専門的な機関が連携をもって共に子どもを育てていく体制を「関係機関との連携」という。関係機関先は、「医療的支援」、「教育的支援」、「福祉的支援」等があげられる。保育者や教員は、どの関係機関の支えが子どもの利益に繋がるのか、適切に判断していくことが大切である。多岐にわたる関係機関の専門性や連携についてこの章では取り扱っていく。

キーワード：関係機関、情報共有と情報管理、危機介入、関係者会議

第1節　連携について

1．関係機関との連携とは

　人は生まれた環境や自分の能力を選択することはできず、どんな環境であっても子どもは、その中で懸命に成長しようとする。その中で発達の課題や、学習の課題、不登校や非行、家族の問題などを抱えることもあるだろう。子どものさまざまな困りに対応する中で、より専門的な支援を受けることが子どもの利益に繋がると判断された場合、園や学校は適切な支援環境を整えることになる。学校と支援機関は情報共有をする場を設けたり、指導計画を共有するなどを通して、共に子どもの利益について考えるなど「関係機関との連携」が始まるのである。では、具体的にどのような関係機関があるのだろうか。次項より説明する。

2．関係機関先について

　関係機関は、医療・保健関係、教育関係、福祉関係、警察司法関係と分類される（表9－1参照）。それぞれに支援方法やスタッフの専門性も異なるため、各機関の支援の特長を知ることが大切である。例えば、子どもの発達が気になる場合、医療的な支援であれば、「児童発達支援センター」がその窓口となろう。発達の課題が土台にあるものの、非行が目下の困りごとであれば「児童相談所」や「警察」が適切かもしれない。また、発達の困りに加えて学習の遅れが気になっているのならば、総合教育センターなどの個別支援に繋げる手立ても考えられる。このように子どもの一つの困りに対しても、何に困っているか、どのような手立てが必要かによって連携先は大きく異なってくるのである。適切な関係機関の判断がつかない場合、医療や教育、福祉、それぞれに総合的に取

りまとめるような手立てや機能もあるため、まずは相談をしてみることも一つの方法である。例えば、教育全般に関しては、教育委員会や教育センター、また福祉に関しては児童相談所や市区町村の子育て相談などがその役割を担っている。

表9－1　関係先一覧

施設		概要	主な支援（支援者）
医療・保健	小児科	子どもの医療的支援の最も身近な窓口となる。特にかかりつけ医や小さい頃から通っている小児科医などは、子どもの様子の経過をよくわかっている場合、医療的判断が期待できる。	子どもの医療支援・症状全般（医師・看護師・心理職*など）
	児童発達支援センター	療育が必要だと判断された児童や家族のための施設。対象児童の通所支援に加えて、保育所への派遣相談支援や発達検査を請け負う。医療機関を併設しているところもある。	子どもの発達・発達障害などの課題（医師・保健師・心理職*・保育士など）
	療育機関	療育とは情緒や発達に遅れがみられる子どもに対し、その子どもに応じた治療教育が行なわれる機関。幼児から小学校低学年まで利用できることが多い。内容はコミュニケーションの伸長や認知や運動機能へのアプローチなど多岐にわたる。	
	保健所	地域保健法に基づき都道府県（政令指定都市を含む）に設置されている。1歳半健診や3歳児健診などを行ない、身体的な異常や精神発達障害などに疑いがある場合は、この健康診査でスケーリングされる。療育につながるきっかけとなる。	
	児童（小児）精神科	思春期までの小児の情緒や発達に関する診断・治療を行なう。療育を併設しているところもある。	児童精神科の問題（医師・看護師・心理職*）
教育	教育委員会	さまざまな学校教育上の課題に関わる。いじめや暴力、不登校や保護者対応など。また指導主事の派遣をはじめ相談・学校に対する支援や指導・専門機関との連携のコーディネートなどを行なう。	学校教育における課題全般（指導主事など）
	教育センター・教育支援	教育相談の専門機関。カウンセリングや心理検査、各種相談や不登校や学習障害などの学習指導なども実施する。	教育相談に特化した支援（指導主事・心理職*・指導員）
	特別支援学校	特別支援学級や通常学級にいる知的や発達に課題のある子どもの巡回相談や授業配慮、発達検査等に応じる。	知的や発達に課題を抱える児童・生徒や教員のサポート（支援学校教員）

福祉	児童相談所	都道府県（政令指定都市を含む）に設置されている。児童福祉法に基づき、子どもの福祉を担う機関である。子どものさまざまな問題。児童虐待や触法行為・子育ての問題を全般的に扱う。	子どもの福祉全般（医師・心理職＊・ケースワーカー・児童福祉司）
	母子生活支援施設	児童福祉法に基づく施設。配偶者のいない母子が生活をおくるための施設。DVによる一時保護施設としても機能している。	母子家庭の生活・自立支援（母子生活指導員）
	放課後デイサービス	障害のある児童が放課後や休日に通う施設。居場所としての機能や療育的なプログラムなどさまざまに展開されている。	障害を持つ子どもの放課後活動（児童指導員・保育士）
	児童養護施設	親と一緒の生活が困難な子どもが生活する場。家庭の機能を果たす場であるため、児童の保護者がわりを施設職員が担当する。生活する児童の保護者対応すべてを担う。	子どもの生活全般（保育士・児童支援員・心理職＊）
警察・矯正・司法	警察	事件・事故の対応、子どもの問題行動の対応（非行や薬物乱用、いじめや犯罪被害）など。青少年課には、家庭内暴力等の相談に応じる部署もある。	相談指導を行なったり、事件の場合はその対応（警察官・心理職＊）
	少年鑑別所	子どもの適応に関する問題・非行・いじめ・暴力ひきこもりなどを扱う。家庭裁判所の求めに応じ、少年を鑑別したり、観護処遇を行なう。	相談・指導・心理検査（専門技官）
	家庭裁判所	家庭に関係する事件の審判や調停を行なう機関。虐待による親権制限や、非行少年の矯正教育の調査、方針などの決定を担う。	調査・心理検査・試験観察による指導・環境調査（調査官・心理職＊）

＊心理職とは、臨床心理士や公認心理士など、心理学関連の資格職を指す（移行期のため併記）
〔出典：石田　弓編著（2018）教育相談【改訂版】、共同出版、pp.158-159（一部抜粋・追記を参考にして作成）〕

Column1 −児童相談所−

　児童相談所の主な機能として、相談機能、一時保護機能、措置機能がある。

　相談機能とは、子どもの家庭、地域状況、生活歴や発達、性格、行動等について専門的な角度から総合的に調査、診断、判定（総合診断）し、それに基づいて援助指針を定め子どもの援助を行なう機能である。例えば、虐待や非行、不登校、引きこもりなどの相談や、医療スタッフも常駐し発達検査などにも応じている。一時保護機能とは、主に虐待を受けている子どもを家庭から離す機能であり、措置機能とは、子どもを児童福祉施設、指定医療機関に入所させたり、指導を行なう等の機能となる。

　このように、児童相談所では幅広く子どもの福祉に関する総合的な支援を行なう。子どもが健やかに過ごすための環境が整っているか総合的に判定し、支援に繋げていく役割を担っているのである。

https://www.mhlw.go.jp/bunya/kodomo/dv-soudanjo-kai-honbun1.html より抜粋 (2020/7/12)

第2節　支援に繋げる

1．子どもの様子の見立てと校内体制

　子どもの様子に不自然さを感じたとき、何が影響しているのか見立てることが大切である。学習の課題なのか、発達の課題なのか、家庭環境の問題なのか、担任との関係やクラス内の問題もあるかもしれない。子どもの理解を深めるために校内の教育相談などの部会を利用するのもいいだろう。担任だけではなく、養護教諭や管理職などからの視点が、子どもの様子を端的にとらえていることも多い。また子どもの困りや今後の対応を話し合い共有する「ケース会議」は、子ども理解を深めるのと同時に校内支援体制を整備していくことにも繋がるため、積極的に活用することが望まれる。関係機関との連携は学校間のやりとりになるため、そこで作られた学校体制は、その後の関係機関との連携の土台となる。

2．保護者の同意と関係先の選択

　学校側が子どもの抱える困りに気がついていたとしても、保護者とは子どものとらえ方と認識が違うことは珍しくない。学校での様子を伝え、理解を十分に深めながら（虐待を除く）慎重に進めることが大切である。園や学校側が強く主導権をもって臨んだ連

携は、保護者や本人にとって不本意な気持ちを残し、傷つきとして体験されることも少なくない。関係機関と連携に向けて学校が動く際は専門的な支援の必要性について保護者と十分に話し合い、連携の同意を得るなど十分な配慮が必要である。

　関係機関先を選択する場合、医療・教育・福祉、それぞれの利点を活かしながら総合的に判断していくことが求められる。また、関係機関との連携は個別支援計画[注1]の一部であることも忘れてはならない。短期的・中長期的な見通しを持ちながら、教育と他分野との一体となった対応が確保されることが重要である。支援先が決定した後にも定期的に現在の困りと支援が適切に繋がっているか、定期的に再考する機会を持つとよい。

3.　情報共有と個人情報の取り扱い

　子どもの困りを共有することは、子どもや家庭の様子などの個人情報を取り扱うことになる。この情報を安易に広めることは避けるべきである。事例にもよるが、支援チームの中に地域の人が入っていたり、保護者の納得がない中で連携機関に情報がいくことで、学校に不信感を募らせることもある。また、保護者が担任を信頼してようやく話された内容を担任以外の学校関係者が知っていることで、学校の情報管理体制に不信感がつのり、その後の連携がうまくいかないケースもあるなど、個人情報をどう扱うによって信頼関係の構築に大きく影響が及ぶ。取り扱いには十分な留意が必要である。記録を取る際にも、個人情報が特定される部分は記入しないなどの方法が望ましい。また関係機関との連携をとる際には、保護者に情報を共有することの了解をとっておくことも必要である。

4.　関係者会議

　子どもの困りを事例に見立て、関係先が一同に集まり情報共有や今後の支援について考える機会を「関係者会議」と呼ぶ。例えば、発達の課題を抱えている子どもの場合、園や学校関係者（教員やスクールカウンセラー、スクールソーシャルワーカー）に加えて、療育施設関係者や、放課後デイサービスの職員などが加わりそれぞれの立場で現在の支援や今後の方向性を報告しあう。子どもの気持ちを受け止める場所はどこか。子どもの学習の様子はどうか、友人関係や家族の状況などの情報共有と方向性を整理し、中・長期的な連携へと繋げていく。また虐待ケースでは、園や学校は要保護児童対策地域協議会（要対協[注2]）の連携構成員の一員となり、さらなる連携の必要性が生まれるであろう。発達に関わることは、学校や医療関係者が取りまとめることが多く、虐待に関係することは児童相談所が関係者会議を取りまとめることが一般的である。

　子どもの様子は日々変化するため、関係者会議以外にも関係機関先とは日常の細やか

な情報交換も大切である。関係者との連携は子どもへの支援という側面だけではなく、多職種の子どもを見る視点に触れることになるため、保育者や教員の子ども理解や専門性もより深まるよい機会となると思われる。

5．連携後のフォロー

　子どもや保護者へのフォローも忘れてはならない。学校と関係機関先の支援の方向性が大きく異なっている場合、子どもに混乱が生じる可能性がある。園や学校で安心して生活しているか、支援が今の生活に活かされているかなど、日常生活を送りながらも、何気ない機会にそっと配慮し続けることが、子どもの柔らかい守りとなりうる。

　ここで気を付けたいのは、関係先から得た情報を本人に伝えることは控えた方がいい場合があるということと、支援の方向性は同じであることが望ましいが、表現される子どもの姿は異なっていてもよいということである。学齢が小さい場合は大人に見守ってもらっていることが大きな喜びにもなるが、思春期にさしかかると大人の目を煩わしく感じたり、隠したいことも出てくる。例えば非行のケースなどで、関係先では素直に甘えている様子が報告されるが、学校では相変わらず教員に反抗している様子はよく見られる光景である。学校側は子どもが関係先のように素直になるように指導したくなるかもしれないが、学校での子どもの姿と連携先での子どもの姿が異なるのは普通のこととして、無理に近づけようとせずに学校は学校のペースで対応していくことが大切となる。支援の方向性と子どもの様子の差を混同してはならない。

第3節　連携の事例：虐待

　本節では、関係先との連携の事例として虐待を取り上げる。発達の課題や不登校などはそれぞれの章を参照のこと。

1．虐待と通告

　虐待による年間の死亡者数は50名を超え（平成30年度）１週間に１人のペースで子どもが亡くなっている。虐待を行なうのは圧倒的に実父母が多く、その割合は８割以上[注3]となる。これらの状況から、平成16年の法改正（児童虐待防止法改正）により、虐待を発見した者はたとえ虐待が疑われる場合であっても、速やかに福祉事務所や児童相談所に通告しなければならないという義務が生じるようになった[注4]。日常を共にする園や学校はその中核的存在である。しかし「虐待通告」となるとすぐに保護者への調査が入るため学校関係者としては戸惑ってしまう場合も多い。もし虐待でなかった場合、保護

者と学校との信頼関係が崩れてしまうことは防げず、子どもの今後の学校生活に大きく禍根を残すからである。これらの理由から通告がためらわれる場合に「虐待疑いの情報提供」や「相談」として児童相談所に報告することも一つの方法としてあることを覚えていてほしい。

　通告や相談によってリストアップされた虐待リスクが高い家族は、要対協[注2]が主となり行政が家族を見守っていくことになる。

2．虐待を受けた子どもの心理

　子ども本人が虐待を訴えるようであればそれは即座に対応することができるが、実際には子どもはさらなる暴力を恐れて虐待されていることを隠したり、自分が悪いためにたたかれると理解していたり、訴えることで家族が壊れてしまうことを恐れて親（虐待者）を庇うことも多いのである。

　被虐待児は「大人は困ったときに助けてくれる」というような、安定的な愛着（大人への基本的な信頼）が育っていないことが報告されている。人を信用できなかったり、暴力を恐れて過剰ないい子を演じていたり、偽成熟性といって変に大人びていることもある。子ども時代を安心して過ごすことが出来なかった心の痛みは思春期の頃、大人との関係において表面化することも多い。一方で友達同士の関係では暴力を用いて命令したり、いじめの加害者や被害体験を繰り返したりと虐待の影響が出ることもある。

　子どもにとって最も大切なのは、大切に扱われるとはどんなことか、人との適切な距離や言葉かけはどのようなものかなど、人との関わりが心地よい体験として積み重ねられていくことである。また正しい人権教育や性教育（性的虐待）の学習が「自分を大切にすること」を知識として学ぶ機会となる。しかし大切にされることはどんなことかが分かるということは、親から不適切な扱いを受けた事実を認めることになる。子どもが正しい知識を受け入れられる準備が整っているのか、見極めることが必要であろう。この時、関係機関先からの情報（学校で見せる顔以外の側面、子どもの強みやナイーブなところ）を得ておくことで子どもの不要な傷つきを防げる可能性がある。細やかな情報共有で子どもを守りながら育てる環境を作っていくことが大切である。

3．虐待を疑うケース、虐待のサイン

　虐待があった場合、子どもや保護者はどのような態度を示すのだろうか。「おかしいな」と感じた場合、その直感をそのままにせずに子どもにそれとなく家族や生活の様子を聞いてみたり、アザなどがないか確認をすることも必要であろう。サインの一部を以下に示す。

1）子どものサイン

・お風呂に入っていない様子や、衣服が変えられていない。においがする。

・身体に不自然な外傷があり、質問した時に明確に答えられない。

・食べることに異常な執着を見せる。

・身体的発達が著しく遅れている。

・表情が乏しく、無表情であったり、逆に誰とでも打ち解けすぎる。人との距離が近すぎる。

・何気なく大人が手を上にあげたときに、とっさに身体を固くする。

・年齢不相応な行儀のよさなど過度なしつけの良さ。

・不自然に子どもが保護者に密着している。

2）親のサイン

・子どもの怪我や傷跡の説明が不自然である。

・しつけと称して殴る、蹴るなどの行為が見られる。

・生活自立と称して子どもに家事を過剰に負担させる。

・感情的な行為を繰り返し、言動を覚えていないことがあるなど一貫性に欠ける。

・宿泊行事の際など、子どもと離れることを過度に不安がる。

・ちゃんと養育をしていることを説明するが、子どもの状態とあっていない（ご飯は用意しているのに、本人が食べないんです等）。

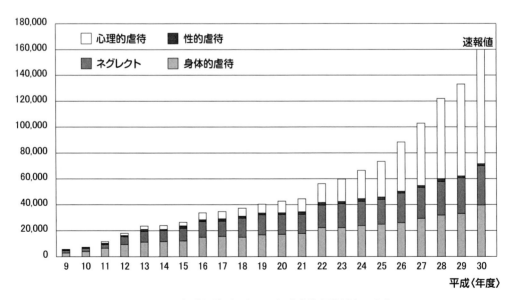

図9-1　児童相談所における児童虐待相談対応の内容

〔出典：NPO法人　児童虐待防止全国ネットワーク、子ども虐待防止オレンジリボン運動統計データ
http://www.orangeribbon.jp/about/child/data.php（最終アクセス 2020.7.12）〕

　虐待は心理的虐待、身体的虐待、ネグレクト、性的虐待があり、（p.81参照）図9－1が示すように、近年、心理的虐待の通告・対応が著しく増加している。（しかし、身体的虐待が少なくなっているわけではない。）これまで見えにくかった虐待が、保育者や教師のきめ細やかな子どもへの対応や、近隣の住民の通告などから表面化し、子どもの虐待対応の件数増加へと繋がっていると考えられる。

4．支援に繋がるまで

1）通告から一時保護へ

　虐待対応の中核機関は児童相談所である。例えば福祉事務所の子育て相談や3歳児健診などで虐待が疑われたとしても、最終的には児童相談所へ連絡され、児童相談所が処遇を決定する。図9－2は通告や相談を受けた際の関係機関の動きや役割を示したものである。

　児童相談所に通告の後、児童の安全を迅速に確保する必要がある場合には、児童相談所長の判断で短期間、親元から児童を分離させる「一時保護」となる場合がある（児童

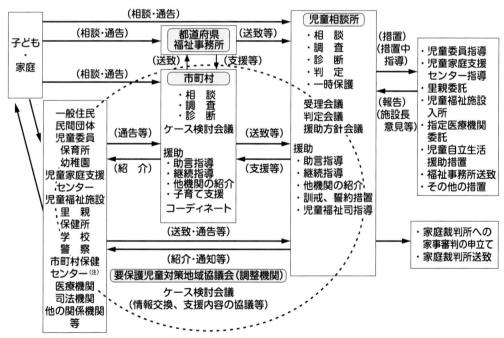

注：市町村保健センターについては、市町村の児童家庭相談の窓口として、一般住民等からの通告等を受け、相談援助業務を実施する場合も想定される。

図9－2　市町村・児童相談所における相談援助活動系統図

〔出典：厚生労働省Webサイト　https://www.mhlw.go.jp/bunya/kodomo/dv-soudanjo-sisin-betten.html （2020年9月25日閲覧）〕

福祉法33条）。保護された子どもはこの期間（最長2か月）、児童相談所の一時保護施設で同じような境遇の子たちと集団生活をする。安全の観点から園や学校には通わず、勉強も施設で行なうため、突然、連絡もなく長期間休む子どもについてクラスの子どもたちは驚くだろう。通園・通学しない期間、担任はなぜ子どもがいないのかについて守秘義務の関係から一時保護だとわからないように説明しなければならない。また児童相談所から虐待の実態や園や学校での日常の様子などの調査の協力をすることも求められる。

　保護された子どもは突然、生活環境が変わり、友達にも何も言えないまま会えない生活が始まる。暴言や暴力のない生活に安心感を覚えるとともに、悪夢やフラッシュバック、突然の怒りの爆発などが生じるケースも少なくない。学校に戻ってきたあとの心のケアやフォローも関係機関と連携をしながら行ない、子どもを守っていくことを大切にして欲しい。

2）処遇の決定

　一時保護された後、児童相談所の調査により処遇が決定される。今後、虐待のリスクが少ない場合や指導によって改善が見込まれる場合は経過観察処分となり、保護者が児童福祉司の指導などを定期的に受けることを条件に在宅指導となる。家族分離の処遇が決定された場合、子どもは児童養護施設や里親委託など生活の拠点を変えて生活することとなる。その場合、施設のある校区の学校に転校することとなり、子どもの生活は一変する。転校先へ連絡ができる場合は、子どもが新しい環境になじめる手立てとなるような情報を先方に伝えることなども子どもの一助となるだろう。

3）関係機関での生活と家庭への復帰

　家族分離の措置となった子どもは里親委託や児童養護施設での生活が始まる。親元を離れ生活をしていくことは、子どもにとっては虐待の危険はないが、入所当初は生活する環境そのものが非日常であるだろう。子どもの生活を支援するのは保育士や児童指導員である。スタッフは担当制で子どもの親代わりを務める。

　施設で過ごす子どもたちの親との接触の仕方や頻度はそれぞれのケースにより異なる。週末は家に帰る子、長期休暇に家に帰る子、ずっと施設で過ごす子。親もまた、安全に子どもとの関係が築けるようにカウンセリングを重ねたり、施設職員が間にはいって親子関係を調整したりと家族の再構築に取り組んでいく。

　子どもは優しく頼もしい親の姿を期待するが、実際の親との対面は昔の暴力を思い出したり、怒りが再燃したりと単純なものではない。気持ちの揺らぎが学校生活で荒れとなって表現されることも少なくない。親と子は関わりを重ね、児童相談所が主となって慎重に協議を重ねた結果、虐待の再発など養育上のリスクが少ないと判断されれば、子どもは家庭に復帰することとなる。

　たとえ一時的に分離したとしても、親子関係はいつまでも続いていく。関係先との連携に加えて、子ども自身が将来への期待や見通しを持てるように学校と施設が、同じ目線で子どもを育んでいくことが大切である。

Column｜連携が必要な子ども－貧困－

　貧困の原因はさまざまである。どのような支援・資源があるか、生活保護や児童手当など、家庭に十分な情報が行き届いていない場合もある。まずは福祉事務所と連携し、家庭の経済的な安定を支えていくことが重要であろう。

　支援の輪は民間からも広がりを見せている。子ども食堂や塾に行けない子の勉強支援などもその一つである。身近な支援について情報を把握しておくことも、子どもの利益とつながるだろう。

　子どもは親だけが育てるのではなく、学校や社会の中でも育っていく。専門的な支援が必要な場合、その支援を機能させていくこと、充実させていくことが子どもを守るうえで大切な視点となり得るのである。適切な関係機関との連携が、子どもの成長発達に寄与することを願ってやまない。

注1）個別の教育支援計画は、障害のある児童生徒の一人一人のニーズを正確に把握し、教育の視点から適切に対応していくという考えのもと、長期的な視点で乳幼児期から学校卒業後までを通じて一貫して的確な教育的支援を行なうことを目的とする。また、この教育的支援は、教育のみならず、福祉、医療、労働等のさまざまな側面からの取り組みが必要であり、関係機関、関係部局の密接な連携協力を確保することが不可欠である。（文部科学省　今後の特別支援教育の在り方について（最終報告））

注2）要対協：要保護児童対策地域協議会。虐待を受けている子どもをはじめとする要保護児童等の早期発見や適切な保護支援を行なうためには、関係機関等が子どもに関する情報・認識を必要に応じて共有し、適切な連携のもとで迅速に対応するために設置されている（日本弁護士連合会、2019）児童福祉法25の2Iにより設置するように義務づけられ、構成員は福祉、保健、医療、教育、啓作、司法の専門職に加えて、民間団体なども構成させることができる。

注3）平成26年度 福祉行政報告例の概況
https://www.mhlw.go.jp/toukei/saikin/hw/gyousei/14/（最終アクセス2020.7.12）

注4）2000年に虐待防止法案が成立し、2004年からは疑いであっても児童相談所へ通告しないとならない義務が生じる。

第2部

教育相談の実践と課題

第10章　発達障害

第1節　発達障害とは

　2012年に文部科学省が実施した担任による児童生徒1人ひとりに対するチェックリストの回答に基づく、図10−1「通常の学級に在籍する発達障害の可能性のある特別な教育的支援を必要とする児童生徒に関する調査」によると、通常の学級で学習面や行動面で著しい困難を抱えていると報告された子どもの割合は全体の6.5％であった。これは、学級担任が児童生徒の様子を見て、学習面や行動面、もしくはその両面で特別な教育的支援を必要としていると考えた子どもの割合であり、診断は受けていないが、自閉症スペクトラム障害や注意欠如／多動性障害（症）、学習障害といった発達障害の可能性がその背後にある。

　「発達障害」とは、発達期（多くは就学前）に生じる中枢神経系（脳）機能の不全によって、認知や言語、行動、社会性などの機能の獲得が著しく障害される状態で、学業や職業等

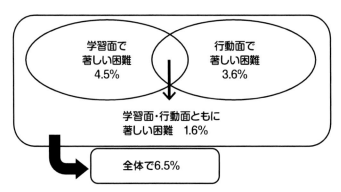

図10−1　質問項目に対して担任教員が回答した内容から、知的発達に遅れはないものの学習面又は行動面で著しい困難を示すとされた児童生徒の割合

〔資料：文部科学省（2012）通常の学級に在籍する発達障害の可能性のある特別な教育的支援を必要とする児童生徒に関する調査〕

の場面で著しく困難が生じている状態をいう。基本的に「発達障害」と呼ぶ場合、現在の日本では知的発達に遅れはなく、いわゆる定型的（標準的）発達を示す子どもと比較して、発達に何らかの遅れや偏りを示すことを指し、生まれてすぐに障害があるとはわかりにくく、発達の過程で、特に集団生活を始める頃からその特徴がわかるようになることが多い。一見すると障害があるとは思えないような子どももおり、その子のさまざまな側面の能力や発達のアンバランスな差を捉えて、「発達凸凹」という呼び方をする研究者もいる。

　また、自閉症スペクトラム障害や注意欠如／多動性障害などの発達障害が単独で発症する場合もあるが、互いに併発しやすい傾向がある。例えば、注意欠如／多動性障害と学習障害は併発しやすいと言われている。複数の障害が重複すると、その分本人の生活上の困難さは増すと同時に、２つ以上の障害を十分理解した上での支援が必要となる。

第２節　主な発達障害について

　ここでは、発達障害の代表例として知的障害、自閉症スペクトラム障害、注意欠如／多動性障害、学習障害の４つを取り上げ、それらの障害の主な特徴を解説する。現在日本では、発達障害には精神遅滞（知的障害）を含まないのが一般的であるが、精神遅滞（知的障害）についても他の発達障害との関連があるため並列して記述する。

１．知的障害

１）知的障害とは

　知的障害は医学領域では「精神遅滞」、教育領域では「知的障害」という呼称が用いられてきた。アメリカ精神医学会によるDSM-5*によると、近年では知的能力障害（知的発達症（障害））とも呼ばれ、呼称は時代とともに「精神薄弱」、「精神遅滞」と変化してきた経緯がある。知的障害とは、知的機能の明らかな遅れと、年齢相応の日常生活や社会生活を送る上での適応行動の困難が発達期に生じている状態である。知的機能の明らかな遅れとは、標準化された個別式知能検査のIQ（知能指数）が70以下の状態を指し、論理的思考や問題解決、抽象的思考といった認知や言語に関わる知的機能が同年齢の子どもと比べて著しく劣る状態である。また、適応行動の困難とは、表10－1に示したさまざまな領域において、その社会で年齢相応として求められるレベルの行動・活動ができず、社会生活を送る上で困難が生じている状態を指す。

---

*　DSM-5とは、アメリカ精神医学会が出版している「精神疾患の診断・統計マニュアル（Diagnostic and Statistical Manual of Mental Disorders）」の第５版で、国際的に利用されている精神疾患の診断基準・診断分類の略称である。発達障害は「神経発達症群／神経発達障害群」というカテゴリーに分類されている。

2）知的障害の原因

　知的障害の原因は、遺伝的要因や染色体異常によるもの（ダウン症やフェニルケトン尿症などの代謝性疾患）、妊娠中の問題（妊娠中の風疹等のウイルス感染、母親の摂取したアルコールや薬物の影響等）、出産時の問題（新生児仮死による脳への低酸素、出産時の頭部外傷等）、出生後の問題（ウイルス・細菌感染による脳炎や髄膜炎、頭部外傷、てんかん、事故、虐待などの不適切な養育環境等）によるものとさまざまである。知的障害児・者の過半数において、原因を特定できないとされており、また原因が1つでない可能性もある。

表10-1　知的障害の診断で評価される適応技能の10領域

1．	理解伝達	ことばや絵、表情や動作で諾否・意図・感情などを理解伝達できる
2．	身辺自立	トイレ・食事・更衣・清潔や身だしなみの保持が自立している
3．	家庭内生活	料理、ほかの家事・買物プラン・家財家計の管理ができる
4．	社会性	相手の反応を理解し、節度ある誠実な友だち付き合いができる
5．	地域生活	交通機関や公共施設を利用する。買物ができる
6．	決断	自ら決断して計画実行できる。必要な援助を求め、義務を果たす
7．	健康安全	衛生や社会ルールの知識をもち、自分の安全を確保できる
8．	実務の学習	自立生活に必要な知識と読み書き計算を学校で学ぶ
9．	余暇	1人または複数でする遊びや楽しみを知り、発展させる
10．	就労	必要な社会性と技能を備えて、パートかフルタイムで働く

〔出典：市川宏伸・内山登紀夫・広沢郁子編（2004）知りたいことがなんでもわかる子どものこころのケア－SOSを見逃さないために、永井書店、p.175〕

表10-2　知的障害の重症度分類

重症度	知能指数IQ （成人での精神年齢）	社会技能
軽度	50〜70 （9〜12歳相当）	身辺自立。外出や買い物可。通常の会話可。学業が困難。単純な就労の可能性あり。
中度	35〜49 （6〜9歳相当）	多くの見守りと身辺の一部介助を要す。日用の会話が可。読み書き計算の可能性はある。就労は難。
重度	20〜34 （3〜6歳相当）	常に見守りと身辺の多くに介助を要す。簡単なことばを理解。限られた言語表現の可能性はある。
最重度	〜20 （3歳以下相当）	常に身辺の介助を要す。限られた指示理解と発語の可能性はある。

〔出典：市川宏伸・内山登紀夫・広沢郁子編（2004）知りたいことがなんでもわかる子どものこころのケア－SOSを見逃さないために、永井書店、p.175〕

2．自閉症スペクトラム障害（自閉スペクトラム症）（Autism Spectrum Disorder)

1）自閉症スペクトラム障害（自閉スペクトラム症）とは

　DSM-5によると、自閉症スペクトラム障害（自閉スペクトラム症）は主に①複数の状況において、社会的コミュニケーションおよび対人的相互反応における障害、②行動や興味または活動が限定され関心が狭く特定のものへの強いこだわりの2つの基本特徴が幼児期早期にみられ、それによって日々の対人関係や学業・職業活動に大きな支障をきたしている場合に診断される。

　近年、自閉症は典型的な特徴を示す人から軽い特徴を示す人まで、また重度の知的障害がある人から知的発達の遅れのない人まで、図10-2のように連続的な一続きであると捉えるようになってきている。また、これまで自閉症、広汎性発達障害、高機能自閉症、アスペルガー症候群と分類していたものを連続体の中で捉えるようになってきている。

　かつては親の育て方が原因とされた時代もあったが、現在ではそれは否定されており、主な自閉症スペクトラム障害の原因は脳の中枢神経系における何らかの原因による機能障害であることがわかっている。そして、それは自閉症の特性を生じさせる脳機能障害に関与する遺伝的要因と環境要因が複雑に相互作用して生じていると考えられている。

　自閉症スペクトラム障害の主な特徴（特性）は次の通りである。次項の（1）から（3）の自閉症の3つ組と言われる典型的な特徴の他に、近年自閉症スペクトラム障害の中でも知的発達を伴わない当事者研究などから、さまざまな困難があることが明らかとなっている。

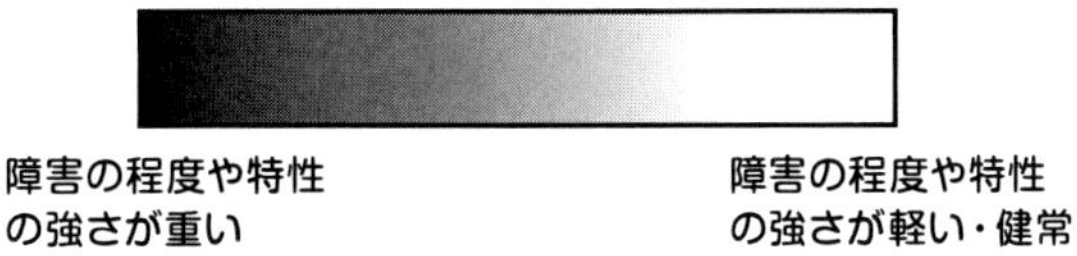

| 障害の程度や特性
の強さが重い | 障害の程度や特性
の強さが軽い・健常 |

図10-2　連続体（スペクトラム）の概念

2）自閉症スペクトラム障害（自閉スペクトラム症）の主な特徴

（1）対人関係（社会性）における障害

　社会的・情緒的な相互関係に困難があり、例えば他者に異常に近づきすぎる、通常の会話のやりとりができない、興味や感情等を共有することが少ない等がある。また、年齢相応の人間関係を発展させ、維持することなどが難しく、例えば状況に合った行動をすることや想像上の遊びを一緒にすること、友人を作ることの難しさ、仲間に対する興味がないこと等がある。

(2) コミュニケーションの障害

　知的な発達に遅れがある場合には、言葉を話せない、理解していても話せない、語彙が少ない、オウム返し（エコラリア）や同じフレーズを繰り返す等がみられる。一方、知的な発達の遅れがなく、一見十分会話はできているようであっても、会話が形式的で間合いが取れない、一方的に話す、文字通りに受け取り、言外の意味を捉えることが難しい等がある。また、他者との交流に用いられる非言語的コミュニケーションにも障害があり、例えば視線が合いにくい、身振りや表情の理解や使用が難しい等がある。

(3) 行動、興味の範囲が狭く、特定のものにこだわる（想像力の障害）

　行動や興味の範囲が狭く、常に同じことを求めてパターン化することが多い。例えば、記号やマーク、車や昆虫などの狭い興味に異常に熱中し、自分だけの知識世界を持つ、特定の動作（体を揺らす、くるくる回る、手をひらひらさせる、スイッチのオンオフを繰り返す等）をし続ける、手順や配置にこだわりがある等がある。また、目の前にないことを思い浮かべることが難しいため、時間の流れを捉えにくい、終わりがわかりにくい、予定にないことや予定の変更が起きて見通しが立たないと混乱し、気持ちや行動の切り替えが難しい、物事の原因と結果を考えることや「もし～ならば」と仮定して考え行動することが難しい等がある。

(4) 感覚の異常

　特定の感覚が過敏で、例えば屋外や照明がまぶしくて痛い、雨が当たって痛い、特定の衣服の肌触りが苦手で着られない、赤ちゃんの泣き声が耳をふさぎたくなるほど嫌で痛い等のように苦痛を感じることがある。特に、聴覚の過敏さはよくみられ、雷鳴などの突然大きな音がすることが苦手、教室の中でのざわざわしている中で先生の声だけを聞き取ることが難しい等がみられる。また、ある食べ物の味や食感、匂いが耐えられないといった味覚や嗅覚の過敏さもよくみられ、極度の偏食があることが多い。一方で、ある感覚にはとても鈍感で（感覚鈍麻）、ケガをしていてかなりの痛手を負っているように見えても痛みを感じておらず平気でいる、温度感覚が鈍いために服装の調節ができず体調不良になってしまう等がある。

(5) その他の特徴

①変化への弱さ：日課・手順の変更、普段と違うこと（先生の髪型が変わった等）に対して非常に動揺する。

②視覚優位性：視覚情報に大きく依存し、言葉など聴覚情報は処理しにくい。一度見たものをカメラで撮ったかのように細部までよく記憶していることもある。

③シングルフォーカス：物、事象を多面的に見たり、考えたりすることが苦手。1つのことに集中し、2つ以上のことに意識を向けることが難しい。

④フラッシュバックが起きて、ずっと以前にあったことが、まるで今目の前で起こっているかのように感じそれを何度も体験する。その結果、嫌なことがずっと忘れられない。

3．注意欠如／多動性障害（症）（AD/HD、Attention Deficit/Hyperactivity Disorders）

1）注意欠如／多動性障害（症）とは

　DSM-5によると、注意欠如／多動性障害（症）は、2つ以上の状況（家庭、学校、職場、その他の活動中等）において、主に①不注意および／または、②③多動・衝動性が同年齢の発達水準に比べて強くみられ（次項参照）、またその症状のいくつかが12歳以前より6か月以上持続して現れており、学業や職業活動に大きな支障をきたしている場合に診断される。ただし、自閉症スペクトラム障害や虐待のような劣悪な環境での養育等で、落ち着きがないことや不注意な行動がみられるケースがあるため、AD/HDとは別の要因の可能性があり、注意する必要がある。

2）注意欠如／多動性障害（症）（AD/HD）の主な3特徴

①不注意：注意や集中が持続しない。気が散りやすい。忘れっぽい。目的をもった行動を順序立てて行なうことが苦手など。
②多動性：じっとしていることが苦手、体全体あるいは体の一部がよく動く（多弁）など。
③衝動性：刺激に対してすぐに反応してしまう、思いつきの行動が多い、自分の感情や欲求のコントロールが苦手、待つことやがまんが苦手など。

　衝動性については攻撃性があるような誤解があるが、決してそうではない。今まさにしたい行動を抑制し、状況や目的に合った行動をとること（行動のコントロール）が難しい特性であるが故に、例えば、遊具を使う順番を待っている中で、「今自分がやりたい！」と自分の順番を待たずに、最前列の順番がきた友達を突き飛ばして自分が使ってしまうという結果になってしまうのである。

　さらに、上記の行動特徴の現れ方によって、3つのタイプに分けて考えることがある。不注意と多動・衝動性の特徴を併せ持つ「混合タイプ」は全体の約8割と考えられている。不注意の特徴が強く、多動性・衝動性の特徴はあまりみられない「不注意タイプ」は、多動性の特徴がないため、AD/HDとは気づかれにくいことも多々ある。多動性・衝動性の特徴が強く、逆に不注意の特徴は目立たない「多動・衝動性タイプ」もある。

　AD/HDは脳機能の不全によって生じるもので、脳内の神経細胞間で情報を伝えるドーパミンという神経伝達物質が十分に機能していないと考えられている。そのため、ドーパミンの働きを調整する薬物による治療が効果を発揮するケースがあるが、万能ではない。また、脳の小脳や大脳前頭前野の機能および形態異常があると明らかになっている。そして、これらは遺伝要因や胎児期の有害物質（アルコールや薬物等）の影響や出生時の仮死状態などといった環境要因が関わっている可能性が示唆されている。

4．学習障害（LD、Learning Disabilities）

　文部科学省によると学習障害とは、全般的な知的な遅れはないが、「聞く」、「話す」、「読む」、「書く」、「計算する」、「推論する」能力のうち特定のものの習得と使用に著しい困難を示すさまざまな状態を指す。表10−3に学校現場でみられる学習障害の主な特徴を示す。なお、DSM-5では限局性学習症（障害）（Specific learning disorder（SLD））という名称になっている。学習障害の原因としては、視覚障害、聴覚障害、知的障害、情緒障害等や本人の努力不足でも教育環境の問題でもなく、中枢神経系に何らかの機能障害があると推定されている。学習ができないというよりもそれに必要とされる基礎的な認知能力に問題を抱えていると考えられる。また、「著しい困難を示す状態」とは、小学校2、3年生では1学年以上の遅れ、4年以上又は中学生では2学年以上の遅れがあることを言う（文部省、1999）。

第3節　発達障害のある子ども達と関わる上での留意点

1）二次障害・三次障害

　発達障害のある子どもたちと関わる上で、最も留意したいのが二次障害および三次障害である。一次障害は発達障害がある子どもの生まれつきある特性によって生じる生活上の問題（学びにくさや関わりにくさ等）である。一方、二次障害とは、みんなと同じようにできない劣等感や自尊心の低下、周囲の無理解による注意・叱責が重なり自暴自棄になる（反抗的・否定的な態度）、過度の不安・緊張などの不適応を起こす、といった二次的に派生した心理行動上の問題である。例えば、言うことを聞かない、元気ややる気がない、集団活動ができない、もめごとばかり起こすといったことは二次障害の可能性がある。さらに、二次障害が持続して、反社会的行動（非行、行為障害、反抗挑戦性障害等）、自傷、他害、自殺企図等の行動、精神疾患（うつ病、統合失調症等）、心身症などがみられる場合を三次障害と呼ぶ。しかし、これらは発達障害由来ではなく、発達障害のある子ども達に対して特性を理解せず、無視した不適切な環境設定や関わりによって生じる二次的・三次的問題であり、保育者・教員としては全力で防がなくてはならない。

2）障害特性理解の重要性

　自閉症の特徴やAD/HDの特徴等を子どもに当てはめて「この子は自閉症だ」「この子はAD/HDだ」と診断するように言うことと、自閉症やAD/HD等の障害を理解することとは同じではない。本当に自閉症を理解するためには、自閉症という障害のために引き起こされてしまうその子の「生きにくさ」や「困難さ」を実感として理解する必要がある。例えば、「子どもが音をうるさがっているときには、歯医者のドリルが神経に

表10-3　学習障害の主な特徴

	チェック項目
聞く	・聞き間違いがある（「知った」を「行った」と聞き違える） ・聞きもらしがある ・個別に言われると聞き取れるが、集団場面では難しい ・指示の理解が難しい ・話し合いが難しい（話し合いの流れが理解できず、ついていけない）
話す	・適切な速さで話すことが難しい（たどたどしく話す。とても早口である） ・ことばにつまったりする ・単語を羅列したり、短い文で内容的に乏しい話をする ・思いつくままに話すなど、筋道の通った話をするのが難しい ・内容をわかりやすく伝えることが難しい
読む	・初めて出てきた語や、普段あまり使わない語などを読み間違える ・文中の語句や行を抜かしたり、または繰り返し読んだりする ・音読が遅い ・勝手読みがある（「いきました」を「いました」と読む） ・文章の要点を正しく読みとることが難しい
書く	・読みにくい字を書く（字の形や大きさが整っていない。まっすぐに書けない） ・独特の筆順で書く ・漢字の細かい部分を書き間違える ・句読点が抜けたり、正しく打つことができない ・限られた量の作文や、決まったパターンの文章しか書かない
計算する	・学年相応の数の意味や表し方についての理解が難しい（三千四十七を300047や347と書く。分母の大きい方が分数の値として大きいと思っている） ・簡単な計算が暗算でできない ・計算をするのにとても時間がかかる ・答えを得るのにいくつかの手続きを要する問題を解くのが難しい（四則混合の計算。2つの立式を必要とする計算） ・学年相応の文章題を解くのが難しい
推論する	・学年相応の量を比較することや、量を表す単位を理解することが難しい（長さやかさの比較。「15cmは150mm」ということ） ・学年相応の図形を描くことが難しい（丸やひし形などの図形の模写。見取り図や展開図） ・事物の因果関係を理解することが難しい ・目的に沿って行動を計画し、必要に応じてそれを修正することが難しい ・早合点や、飛躍した考えをする

突き刺さるときのこと」を想像し、「行事で子どもがイスに座っていられないときには、いつ終わるかわからない、全く興味のない講演会で話を聞いていること」を想像することができるだろう。また、自閉症といっても抱える困難さも一人ひとりみんな違っており、Aさんに通用した関わり方がBさんにも合っているとは限らない。さらに、その子ども一人ひとりの好き嫌いや性格もすべて違い、誰一人同じ子どもはいない。まずは、「自閉症の○○さん」という理解ではなく、「一人の個性を持った○○さん」という子どもの姿を捉え、その上で障害特有の生きにくさ・困難さを理解することが教育・保育の出発点となる。例えば、100日間その子について記録してみると、その子を理解できるのはもちろん、支援の糸口が見えてくるかもしれない。子ども理解のポイントの例としては以下の通りである。

①得意なことや好きなことは？ --- 得意なことは参加できる。すぐ覚えられる。好きなことは集中できる。等

②苦手なことや嫌いなことは？ --- じっとしていられない。話を聞くときに違うところを見てしまう。等

③不安になることや困ることは？ --- 大きな音。人に触られる。刺激・情報が多いと混乱する。等

④どこまでわかっている？ --- 長い話はわからない。ルールはわからずに遊んでいる。等

3）教育的支援

　保育者・教員は、障害の特性に由来するつまづきの原因、教育的ニーズを知り、支援を行なう。支援とは、手立てを考え、環境を用意し、調整しながらその子と一緒になって試行錯誤することである。その際、その子はどう反応するか、その子の持つ力を発揮し、発達していくか、合っていないのであればまた別の手立てを考えて試行錯誤を続けていくことが大切である。発達障害のある子どもに比較的共通する教育的支援として考えられる手立ての例をいくつか紹介する。

①保育室・教室の環境調整：

　集中しやすいように、教室の余分な刺激（黒板やその周囲の掲示物等）を減らし、座席は保育者・教員の近くにする、その子の周りにはどのような子ども達がいるのか配慮するなど、環境を調整する。

②時間や手順の構造化：

　自閉症スペクトラム障害のある子どもが最大限の力を発揮して、主体的に生活し、学べるように視覚的にわかりやすい環境を作ることを構造化と呼ぶ。1日の時間割やスケジュールを絵や表にして視覚的に提示する。遊びの内容や課題、作業などを細かいステップに分け、1つずつ進めるように文字や絵、写真等で提示する。

③教示や指示は単純で短く、わかりやすいものにする：

前置きが長い、一度にいくつもの指示を出すなどは、大事なことの聞き洩らしや混乱を招く可能性がある。「〜しよう」と今すべきことを短く、肯定的表現で伝える。クラス全体への指示の後に個別に指示をしたり、視覚的な手がかりを与えたりすることが必要になる。また、「何時だと思っているの？」という遠回しな表現や「ちょっと待って」という曖昧な表現は使わないようにする。

④言葉の指示だけでコントロールしようとしない：

例えば、「走らない！」と大声で叱るよりも、手をつないでしまう。特に、背後から大声で伝えても本人に届いていない可能性がある。「忍者みたいに歩いてみてごらん。」「ゆっくり歩くとこを見せて。」と走り出す前に伝える。

⑤興味・関心を活かす：

その子の今の興味・関心を学習・生活場面に取り入れると、取り組みやすくなる。例えば、好きなスポーツやキャラクター、乗り物等を学習内容の中に取り入れる。

⑥時間を短く区切る：

集中して取り組める時間を見極め、課題の量を小さくして、成功体験や達成感を積み重ねる。

⑦ほめる・認める：

望ましい行動をすぐに、まめにほめる。本人が得意なことで力を発揮したり、保育者・教員の手伝いをしたりすることで、同級生に認めてもらえる時間を持つ。「将来大人になった時に社会で困らない」などの先にある成果を待つより、目に見える具体的なごほうびが効果的である（コラム参照）。

⑧基本的信頼感が基盤となる：

保育者や教員が良いことも嫌なことも共感的な理解を続けることで、「この人は自分のことを気にかけてくれている」、「今のありのままの自分を受けとめてくれている」ということが伝わる。特に自閉症スペクトラム障害の場合は、共感的理解に対して反応がないもしくは薄いかもしれないが、内面的には伝わっている可能性がある。そして、周りの人への安心感や信頼がその子の「がんばろう」「やってみよう」という気持ちを支える。

Column｜トークン・エコノミー

　トークン・エコノミーとは、子どもが適切な行動ができた時にトークン（ポイント（シールやスタンプ））を与え、それが一定目標数までたまると具体的なごほうび（例：好きな遊びを〇〇分してよい）と交換できるようにすることで、動機づけを高めて望ましい行動へと導く方法である。チャレンジカードやがんばりカードなどの名称で活用されている。望ましくない行動をとった時には、厳しすぎない程度の罰（例：ごほうびのおあずけ）を与え、失敗しても自尊心が低下することがないようにする。

第11章　不登校

第1節　増加する不登校

　不登校は、「何らかの心理的、情緒的、身体的、あるいは社会的要因・背景により、児童生徒が登校しない、あるいはしたくともできない状況にあり、年間30日以上欠席したもののうち、病気や経済的な理由によるものを除いたもの」と定義されている。文部科学省（2019a）の調査によれば、2018年度の小中学校における不登校児童生徒数は16万4,528人であり、2012年から6年連続で増加している（図11-1）。その割合は小学校では0.70％（144人に1人）、中学校では3.65％（27人に1人）となっており、中学校段階においては各クラスに1人ないし複数の不登校生徒がいる状態である。

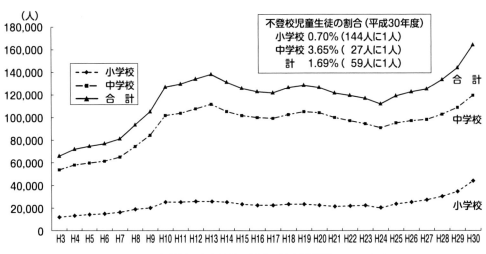

図11-1　不登校児童生徒数の推移（文部科学省、2019a）

1.「中１ギャップ」という現象

　学年別に見てみると、学年があがるにつれて不登校の人数が増加しているのがわかるが、小学校６年生の１万4,061人から中学校１年生の３万1,046人と、校種が変わる段階で大きく跳ね上がっている（図11－２）。こうした子どもたちの不調やいじめ等の課題は、中学校進学直後の１年間に最も多く出現するとされており、新潟県教育委員会によって「中１ギャップ」と名付けられた。新潟県教育庁義務教育課（2010）は、「中１ギャップ」の表れ方を以下の５つに分類している。なお、他の校種においても「小１プロブレム」「高１クライシス」といった環境の変化によって問題が生じる現象が知られている。

①支え喪失型：小学校時代は特定の教員や友人にサポートしてもらうことで集団適応できていたものの、中学入学を機に関係が希薄となり、支えを失ったことによる不安から不適応を起こすタイプ。
②自己発揮機会喪失型：小規模校から大規模校に進学した場合や受験で進学した場合等、小学校時代はさまざまな場面で承認される機会が多かった子どもが、中学入学後に評価される機会を失うことで不適応を起こすタイプ。
③脆弱性露呈型：自身の意見が通らない場合にわがままを通そうとして周囲を困らせる等、関係性を維持するスキルの脆弱性が中学入学後に顕在化し、他の子どもから距離をとられていくことで不適応を起こすタイプ。
④課題解決困難化型：学習障害を抱えていたり、理解する力が弱かったり、課題を処理する速度が遅いといったことが中学入学後に表面化し、授業の理解や課題提出が遅れ

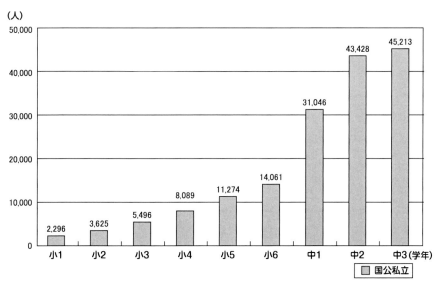

図11－２　学年別不登校児童生徒数（文部科学省、2019a）

始めることで不満や不安を募らせていくタイプ。

⑤友人関係展開困難化型：小規模校から大規模校に進学した場合等、新しい関係が作られていく場面で仲間関係を広げていくことができずに孤立していき不適応を起こすタイプ。

2．小中間の引き継ぎ

　「中1ギャップ」について、国立教育政策研究所（2015）は、多くの問題が顕在化するのは中学校段階からだとしても、小学校段階から問題が始まっている場合が少なくないと指摘している。つまり、適切に対応するには問題が表面化する以前に、どのような経過をたどってきたのかを把握しなければならない。神村（2015）は、中学校での不登校事例では、幼稚園や保育園での登園しぶりから小学校までの欠席や登校しぶりを確認し、その際の回復のきっかけを把握することが、理解と支援のヒントになると述べている。過去の欠席エピソードは、逆にとらえれば復帰することができたエピソードであり、そこには子どもの能力や可能性が詰まっているはずである。学校間の連携では、子どもの課題だけでなく、子どもの持つリソース（資質・能力）やどのように支援すれば課題を乗り越えられてきたかといった周囲の関わり方の工夫も引き継ぐようにしたい。

Column｜小中連携で取り組めること

　「中1ギャップ」による不適応を防ぐために、中学進学に伴う環境の変化について子どもに知らせておく必要がある。授業や登下校の時間が変わること、部活動が始まること、教科担当制に変わること、中学校から始まる教科、教員の言葉づかいの違いなど、中学校に入った時に「小学校と違う」と子どもたちが感じる可能性があるギャップについて事前に知らせておくのである。

　このとき、自閉症スペクトラムの子どもは想像することが苦手で、情報提供だけでは十分な準備にならない場合がある。また、小学校時代にいじめ経験や不登校経験があるといった、中学校への適応に不安を抱える子どもに対しても、より丁寧な準備が必要となる。

　たとえば、入学前に個別に中学校を訪問し、学内探検をするのも効果的である。訪問時には、保健室や相談室など、自分が困った時やしんどくなった時にはどこに行けばよいのかを確認しておくようにする。可能ならば、養護教諭や教育相談担当の教員など、困った時に相談できる大人を紹介しておくと安心につながる。特に、小学校時代にスクールカウンセラー（以下SC）と相談をしていたケースについては、本人の希望に応じて事前に中学校のSCと顔合わせをしておくことも良い準備になるだろう。

3.「小1プロブレム」と幼保小連携

　就学前教育の形態から小学校教育形態に変化することで生じる子どもの不適応現象を「小1プロブレム」と呼ぶ。子どもたちが教員の話を聞けなかったり、授業中に立ち歩いてしまったり、持ち物が整理できないといったことが影響し、結果として授業が成立しない状況になってしまうのである。新保（2001）は、「小1プロブレム」の背景となる要因を、①子どもたちを取り巻く社会の変化、②親の子育ての変化と孤立化、③変わってきた就学前教育と変わらない学校教育の段差の拡大、④自己完結して連携のない就学前教育と学校教育、であるとしている。ここでの③と④は、就学前教育と小学校教育とのギャップの問題である。こうしたギャップに対して、幼稚園・保育所・認定こども園と小学校との連携の必要が示され、滑らかな接続のための実践が行なわれるようになっている。しかし、子どもの多い地域においては、幼稚園・保育所・認定こども園と進学する小学校とが1対1対応ではないことや、私立園では各々が特徴的な保育を行なっているといった事情から、すべての保育現場と小学校が連携することは困難であるとの指摘もある（高木、2018）。連携がうまくいかないと、責任の所在を相手に求めやすくなるものだが、まずは連携自体が難しい営みであることを理解する必要がある。そのうえで、それぞれの発達段階でねらいとする教育目標や活動内容は異なるものの、「子どものために」という基本姿勢は共通であることを思い出したい。高木（2019）は、一般的な保育・教育形態をお互いに想定しながら、保育現場は小学校就学に向けたアプローチプログラムを作成し、小学校では保育との接続を滑らかにするために生活科と学科を融合させたり、授業時間と休み時間の枠組みを弾力的にしたりする等のスタートプログラムを行なっていくことを提唱している。このように、それぞれの現場が歩み寄りながら実践を行なうことで、将来的な不適応のリスクを低減していきたい。

第2節　不登校児童・生徒への教育機会の確保

1. 義務教育の段階における普通教育に相当する教育の機会の確保等に関する法律

　「義務教育の段階における普通教育に相当する教育の機会の確保等に関する法律」が2016年に施行され（文部科学省、2016a）、不登校の子ども達の学校内外における教育機会の確保が課題となっている。教育機会の確保といっても、欠席している子どもに対して一方的に何らかの学習課題を課すということではない。同法の附帯決議（文部科学省、2016b）の一項によれば、「不登校の児童生徒やその保護者を追い詰めることのないよう配慮するとともに、児童生徒の意思を十分に尊重して支援が行なわれるよう配慮する

こと」とあり、教員と子ども間でやりとりをしながら支援を行なうことが明記されている。学習へのつまずきから不登校になっている場合には、学習活動そのものへの恐怖感がある場合も少なくない。そうした子どもに対して一方的に学習を強いるのは、恐怖に直面化させることになってしまう。欠席中に学習が遅れてしまうのは教員や保護者にとっては歯がゆい状態ではあるが、学習の刺激に耐えられるかどうかを、子どもとの対話を続けるなかで見定めていく必要がある。

　また、同附帯決議二項では、「不登校は学校生活その他のさまざまな要因によって生じるものであり、どの児童生徒にも起こり得るものであるとの視点に立って、不登校が当該児童生徒に起因するものと一般に受け取られないよう、また、不登校というだけで問題行動であると受け取られないよう配慮すること」と述べられている。かつては「学校恐怖症」や「登校拒否」といった用語で、子どもの内側に学校に行けない原因があるかのような捉え方がされてきたが、ここには不登校は問題行動ではなく、複数の要因が絡み合って学校に行かないという状態像であるという観点が明確に示されている。

2．教育機会確保とICTの利用

　不登校の子どもへの教育機会の確保においては、別室登校や家庭訪問等で子どもと直接やりとりをする方法もあれば、教育支援センター（適応指導教室）のような公的な施設に子どもが通う方法もある。教育支援センターは市町村に教育委員会が設置している施設で、学校に通いたい思いがあっても登校できない子どもたちの学校復帰を支援している。子どもが外に出られるようであれば学習の機会は確保しやすいのだが、なかには外出を嫌がったり、直接のやりとりを嫌がったりする場合もあるだろう。そうしたケースにおいて、ICTの活用が注目されている。現在は、インターネットを通じて授業動画にアクセスできるため、子どもたちが自習をしやすい環境になってきている。適応指導教室を利用する小中学生は学年も進度もバラバラであり、一斉授業をするわけにはいかない。そうした場所においても、授業動画を活用することで、各自のペースで学習活動が行なえる（森崎、2019）。私立中学校においても、学内外からアクセスできる学習ポータルサイトを立ち上げ、教員が制作した教材をアップしておけば、子どもたちの予習・復習等に活用できることが報告されている（反田、2016）。

　ICTを通じた学習は要件を満たせば出席扱いとすることが認められている。子どもが直接のやりとりに負担を感じている段階では、直接会うことにこだわりすぎず、ICTを用いてやりとりをするところから始め、次第に対面で交流できるまでステップアップしていくという方法も考えられるだろう。

3．不登校支援と連携

　不登校への対応を担任だけで行なうのは非常に困難である。文部科学省（2019b）は「不登校児童生徒への支援の在り方について（通知）」のなかで、不登校の支援についてはSC、スクールソーシャルワーカー等の専門スタッフを含めた組織的な支援体制を組むことが必要であるとしている。1人で抱え込むことなく、不登校になっている子どもへの対応方法を周囲に相談することが大切である。

　学外に目を向けると、各市町村には教育支援センター（適応指導教室）が設置されており、学校を通して利用申請ができる。教育支援センターの利用は登校日数にカウントできるため、希望があれば利用を検討してみてもよいだろう。各自治体の取り組みとして、不登校の子ども宅や別室に学生ボランティアを派遣する等の取り組みも行なっているため、自身の勤務する自治体の取り組みを理解しておきたい。なお、民間が開設しているフリースクールやフリースペース等も居場所を提供してくれる大切な資源であることを認識し、必要に応じて子どもや保護者に情報提供することも求められている。

> ## Column｜教育機会を確保するための別室登校
>
> 　筆者の勤務する私立中学校では、別室登校のためにサポートセンターという部屋を設置している。室内には学習机が7台設置されており、自習をすることができるようになっている。サポートセンターは保健室と同じように、全生徒が利用可能である。部屋を利用する理由は生徒それぞれである。「教室には行きたくないけれど、みんなと同じように学習がしたい」というニーズを生徒が持っているとしたら、できる限りその願いをかなえられるように支援していくのである。基本的には臨床心理士が対応にあたるが、隣の部屋には生徒指導担当の教員がいるため、各教科との連絡・調整を行ない、学年ごとに補習を行なってもらうことも可能である。いじめ体験等、学級での人間関係に負の感情を持っている場合や集団適応が苦手な場合には、教室復帰を求めることで過度な負荷をかけてしまうことにもなりかねない。別室登校の選択肢があるのであれば、教室外への登校を認めていくことで生徒たちの「学びたい」という意志を尊重して対応できるのではないだろうか。

表11－1　不登校の要因（文部科学省、2019a）

①【国公私立】合計（小・中）

学校、家庭に係る要因（区分）／本人に係る要因（分類）	分類別児童生徒数	学校に係る状況								家庭に係る状況	左記に該当なし
		いじめ	いじめを除く友人関係をめぐる問題	教職員との関係をめぐる問題	学業の不振	進路に係る不安	クラブ活動、部活動への不適応	学校のきまり等をめぐる問題	入学、転編入学進級時の不適応		
「学校における人間関係」に課題を抱えている。	28,639	776	20,733	2,386	2,921	570	1,084	546	1,506	4,303	771
	–	2.7%	72.4%	8.3%	10.2%	2.0%	3.8%	1.9%	5.3%	15.0%	2.7%
	17.4%	74.8%	45.3%	47.4%	8.2%	8.3%	33.1%	10.5%	13.4%	6.9%	3.5%
「あそび・非行」の傾向がある。	5,200	4	497	183	1,407	154	56	1,357	129	2,802	409
	–	0.1%	9.6%	3.5%	27.1%	3.0%	1.1%	26.1%	2.5%	53.9%	7.9%
	3.2%	0.4%	1.1%	3.6%	4.0%	2.2%	1.7%	26.2%	1.1%	4.5%	1.8%
「無気力」の傾向がある。	47,869	58	5,367	644	15,438	1,929	777	1,509	2,753	22,376	6,176
	–	0.1%	11.2%	1.3%	32.3%	4.0%	1.6%	3.2%	5.8%	46.7%	12.9%
	29.1%	5.6%	11.7%	12.8%	43.5%	28.0%	23.7%	29.1%	24.5%	36.1%	27.8%
「不安」の傾向がある。	54,854	154	16,790	1,428	12,721	3,643	1,120	1,232	5,350	17,175	7,267
	–	0.3%	30.6%	2.6%	23.2%	6.6%	2.0%	2.2%	9.8%	31.3%	13.2%
	33.3%	14.9%	36.7%	28.4%	35.9%	52.9%	34.2%	23.7%	47.6%	27.7%	32.7%
「その他」	27,966	45	2,348	396	2,995	594	238	544	1,495	15,285	7,583
	–	0.2%	8.4%	1.4%	10.7%	2.1%	0.9%	1.9%	5.3%	54.7%	27.1%
	17.0%	4.3%	5.1%	7.9%	8.4%	8.6%	7.3%	10.5%	13.3%	24.7%	34.1%
計	164,528	1,037	45,735	5,037	35,482	6,890	3,275	5,188	11,233	61,941	22,206
	100.0%	0.6%	27.8%	3.1%	21.6%	4.2%	2.0%	3.2%	6.8%	37.6%	13.5%

（注1）「本人に係る要因（分類）」については、「長期欠席者の状況」で「不登校」と回答した児童生徒全員につき、主たる要因一つを選択。
（注2）「学校、家庭に係る要因（区分）」については、複数回答可。「本人に係る要因（分類）」で回答した要因の理由として考えられるものを「学校に係る状況」より全て選択。
（注3）「家庭に係る状況」とは、家庭の生活環境の急激な変化、親子関係をめぐる問題、家庭内の不和等が該当する。
（注4）中段は、各区分における分類別児童生徒数に対する割合。下段は、各区分における「学校、家庭に係る要因（区分）」の「計」に対する割合。

第3節　不登校の要因と対応

1．不登校の要因

　表11－1は、文部科学省（2019a）が調査した不登校の要因である。不登校の対応をする際に、慣れていないと「無気力な子どもがよくない」「家庭環境が原因ではないか」等と、悪者探しをしたくなるものであるが、実際には要因が複雑に絡み合っている。厳しいしつけをしている家庭は、幼少期に育てにくさがあったからかもしれないし、無気力になったのはどれだけ頑張っても結果が出ないというつまずき体験をしたかもしれないのである。実際に子どもたちの様子は多種多様であり、対応には個別の事情を把握す

ることが不可欠である。ただし、「なぜ登校できないの？」と聞かれても子どもたちは上手に説明できない場合があるので、話したそうでなければあまり問い詰めないようにしたい。とはいえ、なかにはいじめ等の対人トラブルが不登校の直接的な原因となっている場合もあるので、急いで介入しなければならないトラブルの有無だけは確認する必要がある。

2．不登園の要因と対応

　幼稚園や保育園に行きしぶる場合、人間関係（「保育者が怖い」、「友達との関わり方がわからない」等）や不安（「保護者と離れるのが寂しい」、「園の活動で苦手なことがある」、「入園や進級で環境が変化した」等）が関係していることがある。また、弟や妹が産まれたことで、一時的に退行（赤ちゃん返り）をすることがある。思春期にみられる不登校と異なり、理由がはっきりしている場合も多いので、どのようなケースであってもまずはなぜ登園したくないのかをじっくり聞くところから始めたい。子どもから理由を聞くことができれば、克服する方法を一緒に考えることができる。登園を嫌がるということは、不安や苦手に直面して葛藤しているということであり、成長の機会でもある。保護者と協力しながら、子どもが苦手を克服し、友達とより上手に関われるようになるきっかけとしたい。なお、発達障害がベースにある場合には、感覚過敏や見通しが立たないことへの不安がある可能性もあるので、キンダーカウンセラーや児童発達支援センター等と連携しながら対応をしていく。

3．不登校への対応

1）再登校だけを目標とせず、できることを増やしていく

　不登校支援を考える際に、再登校だけを目標とすると上手くいかないことが多い。なぜなら、子どもが朝早く起きるようになっていても、家事を手伝っていたとしても、「登校できていないなら目標が達成できていない」という評価になってしまうからである。目標が達成できないと感じれば本人も家族も焦り、気持ちが疲弊してしまう。結果として再登校をしようとすればするほど遠ざかってしまうのである。逆説的なようだが、不登校への対応をする際には再登校を目標にしない方が結果として早く解決することも多い。

　登校するかどうかではなく、まずは家庭で何ができるようになりたいかを考えてもらい、スモールステップで進めていくことが有効である。最初は趣味の延長のような目標を設定するかもしれないが、次第に家事を手伝ったり、学習を始めたりするかもしれない。家庭でできることが増えれば子どもは自信がつき、保護者としても成長を感じられるので見守りやすくなる。

2）好きなことができているか確認する

　坂本（2016）は、不登校の状態を3階建ての建物にたとえている（図11－3）。地上階では、好きな事もやらなければいけないこともできる状態であり、登校も可能である。「好きなことばかりして、全く勉強しようとしない」という状態は地下1階の状態であり、この段階ではまだ登校は難しい。保護者には、まずは好きなことができるようになるのが先で、次第にやらなければならないことができるようになっていくと理解してもらう必要がある。もしも好きなことさえできていないようであれば、精神的に疲弊している可能性がある。特に中高生は精神疾患を発症する年代でもあるので、注意が必要である。

好きなこと		やらねばならぬこと
○	地上階 （社会生活ができる状態）	○
○	地下1階	×
×	地下2階	×

図11－3　不登校の建物としてのメタファー（坂本、2016）

3）保護者の不安に対応する

　保護者は早急に再登校できる方法を探りたいと思うのが一般的である。しかし、先に述べたように再登校をさせようとすればするほどできなくなってしまうものである。保護者が子どもの一歩ずつの成長を見守れるように、不安を受け止める必要がある。スモールステップで立てた目標を保護者にも共有してもらい、小さい変化を認めて子どもに伝え返してもらえるように協力をお願いする。その際、担任だけで対応するのではなく、SC等と面談を行なってもらうことで、保護者も心配事や不安を定期的に吐きだす時間を持つことができる。保護者も自分自身が見守ってもらったり、対応を認めてもらったりする体験をすることで、子どものことを認めて見守りやすくなるため、保護者支援を丁寧に行ないたい。

Column | お母さんのカウチポテト

　Aは中学入学後に不登校になった。母親は必死に理由を聞き出そうとしたが、Aは何も話そうとしない。何とか学校に引っ張り出そうとする母親から逃げるように自室にこもりっぱなしになっていた。すっかり疲弊した母親がSCの元に相談に来た。SCが「お母さん、家で気持ちは休まっていますか？」とたずねると、「家に子どもがいるのに休んだりできません。私がしっかりした姿を見せないと」と答えた。元々母親は真面目な性格で、家に一人でいる際もだらだら過ごすのはよくないと思う方だとのこと。SCは「お母さんが家でゆっくり休めてないと、Aも気持ちが休まらないかもしれないですね。お母さんが積極的に休んでみませんか？ソファに寝そべってポテチ食べるくらいに！」と伝えた。次の相談日、母親は「寝そべってポテチは無理でしたけど、おいしい紅茶をいれてゆっくり雑誌を読んでたら、Aが部屋から出てきて、『お母さん何してるの？』って近づいてきたんです。その後もゆっくり話ができて、勉強がしんどくて行きにくくなったって教えてくれました。」と語った。母親は「私がリラックスできてることが大事だという意味が分かりました。せっかく休んでいるんですから、今週はAを連れて映画にでも行こうと思っています」と力が抜けた様子だった。家事を手伝ったり、外出したりしているうちにAは元気を取り戻し、長期休暇明けに再登校を果たした。

第12章　いじめ

―― 学びのポイントとキーワード ――

　「いじめ」とは何か。「弱いものいじめ」のことだろうか。「いじり」は本人も喜んでいるなら「いじめ」ではないのだろうか。「いじめ防止対策推進法」上のいじめとは何か。教員は、被害児が命をかけて訴える前に、いじめに気付き、関係者と協働した具体的な支援や介入が求められる。

キーワード：いじめ、いじめ防止対策推進法、四層構造、第三者調査委員会

第1節　いじめとは何か

1．何がいじめなのか

1）いじめの具体的場面

　以下の事例を読み、あなたが「いじめだ」と思うものは、どれか。また、それはなぜ「いじめ」だと思うのか考えてみよう。（人物名はすべて仮名）

①小3の麻衣さんは、同じクラスの信二くんによくからかわれ、先日は、下校時、外履きの運動靴をゴミ箱に入れられた。麻衣さんは信二くんに外靴を捨てられたと泣きながら上靴で家に帰ってきた。

②地域のスポーツ少年団で野球をしている小1の雄太くんは、小4の浩平くんと同じ小学校である。ある時、雄太くんは、浩平くんから「こんなボールも取れないのか、ばかじゃん、野球やめたら」といわれ、泣き出し、もう嫌だと途中で家に帰った。母は、これは「いじめ」だと野球の監督と小学校に報告した。

③給食のとき、おかわりをした小5女子、田中さんに、男子の山口くんは、「デブは食いすぎるなよー」といった。田中さんは「ブーブーブーヒーって、なんでやねん！」とブタの真似をしながら、のり突っ込みをし、みんなは笑っていた。しかし、帰路、「あんなふうに、いじられるの私やっぱきついな、山口、最悪」と心の中で思った。田中さんは本当のところは苦痛なのでやめてほしいと思っている。

④特別支援学校高等部2年に在籍する明くんは、智くんに、しばしば金銭の要求をされ、次第に額が増え、先日は1万円渡したようだ。明くんは、お金を渡さないと智くんに叩かれたり蹴られたりするようだ。

⑤幼稚園年長の健ちゃんは、同じクラスの加奈ちゃんに対して、「きもい、あっちいって、ブス」といったり、加奈ちゃんのカバンを隠したりすることがあった。加奈ちゃんは、そのたびに担任の先生に泣きながら訴えている。

2）いじめの構造

　「いじめ」とは、「弱いものいじめ」という言葉に表されるように、「自分より弱い立場の者に対する行為」と思っていないだろうか。また、「学校のなかだけ」と思っていないだろうか。「いじり」は本人も喜んでいるなら「いじめ」ではないのだろうか。上記の事例①から④は、2013年にできた「いじめ防止対策推進法」上の「いじめ」にあたる。では、なぜ⑤は「いじめ」ではないのか。正確にいうならば、⑤は、「いじめ防止対策推進法」上の「いじめ」ではないという意味だ。この法律では小学校から高等学校（特別支援学校含）に在籍している児童・生徒が対象となり幼稚園児は含まれない。では、幼児に「いじめ」はないというのか、放置してよいのかといえば、そうではない。幼児にもいじめの芽がみられる。いじめには、①いじめられる者（被害者）、②いじめる者（加害者）、③観衆、④傍観者という四層構造があることが指摘されている（森田、2010）が、幼児でも、そのような構造がみられ、被害児のなかには、登園渋り、不登園、加害児の転居問題にも発展する例もある。幼児のいじめは法律上の「いじめ」ではないが、いじめ行為を見聞きした場合は、他者への思いやりや人間関係についての指導の機会ととらえ、幼児が道徳心、倫理観を形成できるよう支援したい。なお、事例④は犯罪の構成要件である年齢14歳以上の事案であり、警察や家庭裁判所との連携が必要になる。

2．いじめの定義

　「いじめ防止推進法」第１条では、「この法律は、<u>いじめが、いじめを受けた児童等の教育を受ける権利を著しく侵害し、その心身の健全な成長及び人格の形成に重大な影響を与えるのみならず、その生命又は身体に重大な危険を生じさせるおそれがあるものであることに鑑み、児童等の尊厳を保持するため</u>、いじめの防止等（いじめの防止、いじめの早期発見及びいじめへの対処をいう。以下同じ。）のための対策に関し、基本理念を定め、国及び地方公共団体等の責務を明らかにし、並びにいじめの防止等のための対策に関する基本的な方針の策定について定めるとともに、いじめの防止等のための対策の基本となる事項を定めることにより、いじめの防止等のための対策を総合的かつ効果的に推進することを目的とする。」と規定されている。

　いじめの被害を受けた子どものなかには、誰にも相談できず、あるいは、極めて残念なことに、教員等に相談したが取りあってもらえず、他者への不信が増大し、生きることに苦痛を感じ自ら命を絶つ者もいる。また、いじめ被害をきっかけに学校に行けなくなり、心身の苦痛が深刻になり社会生活に大きな影響が出ることもある。「いじめ防止推進法」の成立の影には、学校教育制度のなかで「いじめ」によって深く傷ついた多くの犠牲者がいることを忘れてはならない。

　なお、2018年の10〜44歳の男性、16〜34歳までの女性の死因のトップは「自殺」であ

る。未来ある若者の死を何とか回避したいものである。

　では、「いじめ」とはどのような状態や関係性をいうのだろうか。同法第2条では、「この法律において『いじめ』とは、児童等に対して、当該児童等が在籍する学校に在籍している等当該児童等と一定の人的関係にある他の児童等が行なう心理的又は物理的な影響を与える行為（インターネットを通じて行なわれるものを含む。）であって、当該行為の対象となった児童等が心身の苦痛を感じているものをいう。」と規定されている。さらに、同法第3条では、「いじめの防止等のための対策は、いじめが全ての児童等に関係する問題であることに鑑み、児童等が安心して学習その他の活動に取り組むことができるよう、学校の内外を問わずいじめが行なわれなくなるようにすることを旨として行なわれなければならない。」と規定する。

　つまり、「いじめ防止対策推進法」上の「いじめ」とは、学校の内外を問わず、同じ学校に所属し、一定の人間関係のある者が他の者から何らかの行為を受けたことについて、そのことで被害対象者が心身の苦痛を感じている状態にあれば「いじめ」であると規定されている。

第2節　いじめの実態

1. いじめの対象

　残念ながら、いつの時代にも「いじめ」はある。したがって、教員は「うちのクラスにはいじめはない」「うちの学校にいじめはない」と胸を張るよりも、あるかもしれないと思っておいたほうがよい。だからこそ、早期発見の視点が必要になる。

　さて、アニメ「ドラえもん」のジャイアンは、「のび太のくせに生意気だ」といい放ち、自分より弱い「のび太」を叩く場面がしばしばみられる。「のび太」は、今日はジャイアンに会いたくないと願っても、そういう日に限ってジャイアンに会う。ジャイアンがなぜ叩くのかという深層はさておき、この関係性はアニメの設定上、不動である。よほど、ドラえもんが出してきた何かの道具を使わない限り、のび太はいつも被害者である。しかし、これを今風に考えればどうか。ドラえもんに頼らなくても、小学生がスマートフォンを持っていることは珍しくない。のび太がスマホを使ってSNSでジャイアンの悪口を書き、盗撮したジャイアンの恥ずかしい写真をアップし、SNSに拡散する。クラスのSNSのグループでジャイアンだけを排除し、明日からジャイアンを完全無視する口裏を合わせることもできる。こうなれば、完全に立場は逆転する。このように、今日では、必ずしも加害者と被害者がいつも固定されているわけではなく、その時の状況によって、立場が反転する場合もある。いつ誰が、クラスでいじめのターゲットになるかわからない。また、今日では、とりわけ、しずかちゃんやできすぎくんのような優等生タイプが、

できない子の悪口を陰でいい、ばかにするなど、これまでとは、異なったタイプがいじめに関与している場合もあり、教員には、なかなか見えないのである。

2．いじめの類型

　文部科学省が毎年、報告する「児童生徒の問題行動・不登校等生徒指導上の諸課題に関する調査研究」のなかで分類される「いじめの態様」についてみておきたい。文部科学省は統計上、いじめについて以下のように分類している。

①冷やかしやからかい、悪口や脅し文句、嫌なことを言われる。
②仲間はずれ、集団による無視をされる。
③軽くぶつかられたり、遊ぶふりをして叩かれたり、蹴られたりする。
④ひどくぶつかられたり、叩かれたり、蹴られたりする。
⑤金品をたかられる。
⑥金品を隠されたり、盗まれたり、壊されたり、捨てられたりする。
⑦嫌なことや恥ずかしいこと、危険なことをされたり、させられたりする。
⑧パソコンや携帯電話等で、ひぼう・中傷や嫌なことをされる。
⑨その他

　上記の類型のなかで、2018年度、最も割合が多かったのが、①「冷やかしやからかい、悪口や脅し文句、嫌なことを言われる。」である。小中高および特別支援学校とも、いじめの半数以上がこの型にあてはまる。近年、子どもたちの間でのネットいじめが話題になることがあるが、統計上、⑧「パソコンや携帯電話等で、ひぼう・中傷や嫌なことをされる。」は、小・中学校では4番目、高校では2番目となっている。しかし、実際のところ、子どもたちの多くは、SNS上のさまざまな問題に直面している。ネットいじめは教員や保護者にはその実態が極めて捉えがたい。

3．いじめは増えているのか

　2011年10月に滋賀県でおきた中学生によるいじめ自死事件。いじめを担任に訴えていたにも関わらず、取りあってもらえず、死を選ばざるを得なかった中学生の事件は学校、教育委員会の対応をめぐって、社会的に大きな注目を浴びた。この事件以降、学校は「いじめ」に対して、早期発見早期介入が求められ、保護者の学校に対する視線や要求も厳しくなっている。そのため、この事件を契機に、いじめの認知件数は増加している。また、2013年にできた「いじめ防止対策推進法」の施行実施以降、さらに、いじめの認知件数

は増加している。2018年度の全国の学校におけるいじめの認知件数は、小学校42万5,844件、中学校9万7,704件、高等学校1万7,709件、特別支援学校2,676件、合計52万3,933件である。この数は、10年前の約6.4倍であり、学校で認知される件数はあきらかに増加している。

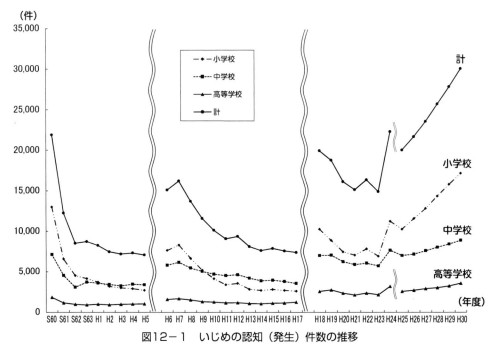

図12－1　いじめの認知（発生）件数の推移

〔出典：文部科学省初等中等教育局児童生徒課（2019）「平成30年度　児童生徒の問題行動・不登校等生徒指導上の諸課題に関する調査結果について」p.25

第3節　いじめへの対応とその課題

1．教員のいじめに対する視点

　いじめは、さまざまな形で行なわれ、行なう本人も、周囲も、また教員も「遊び」だと思っていることもある。被害を受けたと訴える子どものなかには、当該行為の最中に、みんなと一緒になって笑い、楽しそうにしているように見られることもある。教員には、彼がなぜ、そうしているのか、その意味に気づく感性が求められる。実は、当人は、非常に苦痛を感じていることもあるのだ。これらは、子どもをふだんからよく観察しておかなければわからない。また、アンケートなどで、丁寧に子どもの人間関係を把握する必要がある。

　残念なことに、教員のなかには、これまでの自身の経験から、子どもが訴える内容に対して、「それぐらいは、いじめではない」、「いじめられるほうも非がある」「いじめは

自身で克服し強くならなければならない」等の偏った価値判断や指導を行なうことがいまでもみられる。教員がどのような視点で、子どもの関係性を捉えるかによっていじめの認知件数は大きく揺らぐ。「いじめ防止対策推進法」の施行実施後の文科省調査では、いじめの認知についての自治体間格差があまりにも大きくなり、そのことがマスコミにも大きく報道された。「いじめ防止対策推進法」に則り、いじめをできるだけ広く把握しようとする自治体と、教員がフィルターをかけ実数が極端に少ない自治体との格差が30倍以上あったためだ。これを受け、文科省は、教員向けにいじめの定義についての再啓発を行ない、具体的な事例を出して、早期発見を促している。また、学校やクラスにおいて、いじめが少ないことが良いことではなく、反対に、いじめの認知件数が多いことは教職員の目が行き届いているあかしであると訴えた。そのため、教員のなかには、「最近は、なんでもかんでもいじめだ」、「いじめ、いじめで、そのたびに記録を書き、仕事が増え大変」という声も聞かれる。確かに、いじめは自死のリスクもあり対応が難しい。記録も重要である。文科省は、教員がひとりで抱え込まないことを求めているが、そのことを支える組織、体制があってのことである。また、チーム学校といわれて久しいが、カウンセラー、ソーシャルワーカー、弁護士等の活用や学校外の関係機関との連携がこれまで以上に求められる。

２．学校、教育委員会の対応と調査

　これまで、学校や教育委員会は、いじめの結果によると思われる子どもの自死等の事件について、しばしば、「いじめの事実はなかった」「詳しくは答えられない」等の対応がみられ、残された家族は、「遺書」を握りながら、学校や教育委員会が実態の解明に非協力的な姿勢や態度を示すことに対して、涙ながらに訴える場面がみられた。いじめによる重大事態が疑われる場合、学校や教育委員はどのように対応するべきか。2017年３月、文科省は、「いじめの重大事態の調査に関するガイドライン」を出し、いじめによる重大事態に対する対応についての標準化を図っている。

　なお、ここでいう「重大事態」とは、「いじめ防止対策推進法」第28条に規定される以下の状態を指す。

(1) 生命身体財産重大事態

　いじめにより当該学校に在籍する児童等の生命、心身又は財産に重大な被害が生じた疑いがあると認めるとき。

(2) 不登校重大事態

　いじめにより当該学校に在籍する児童等が相当の期間学校を欠席することを余儀なくされている疑いがあると認めるとき。

　上記２点の結果として、自殺企図や自傷行為、身体症状などがみられることもある。

「いじめの重大事態の調査に関するガイドライン」では、重大事態の取扱いについて、いじめの事実関係が確定した段階で重大事態としての対応を開始するのではなく、「疑い」が生じた段階で調査を開始しなければならないこと、被害を受けた子どもや保護者からいじめられて重大事態に至ったという申立があったときは、重大事態が発生したものとして報告・調査等に当たるように規定している。

　いじめに関わる重大事態の調査にあたっては、「弁護士、精神科医、学識経験者、心理・福祉の専門家等の専門的知識及び経験を有するものであって、当該いじめの事案の関係者と直接の人間関係又は特別の利害関係を有しない者（第三者）」が自治体の任命を受け第三者委員として起用される。しかし、各地では、このいじめ第三者調査委員の調査に対して、中立性を欠く、専門性に欠ける等、批判や課題も指摘され、再調査が求められる事態にもなっている。調査委員には、公平性・中立性の担保が求められるが、それに加え、学校教員組織や学校のシステムに対する基本知識が必須である。また、社会的重圧のなか、短期間に当事者や教職員へ聞き取りを行ない、報告書のとりまとめ発表を行なう必要があり、本来業務のある専門職、研究者にとっては、相当な負担となっていることも事実である。

　何れにせよ、いじめは誰一人として利にならない。教員は早期発見により、他の専門職とともに、その背景を分析し、適切な手立てを早め早めにとる必要がある。

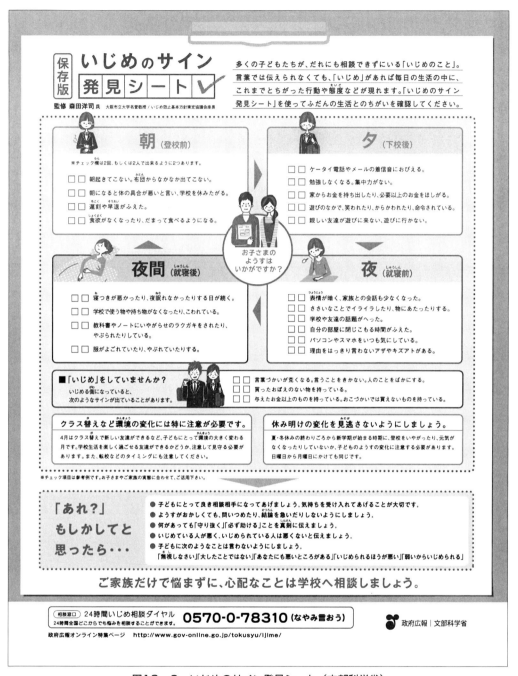

図12-2　いじめのサイン発見シート（文部科学省）

〔出典：文部科学省Webサイト〕

第13章　問題行動

> ── 学びのポイントとキーワード ──
>
> 　子どもが示すさまざまな問題行動について、その問題行動が生じる背景を理解する能力を養う。また、さまざまな問題行動や症状の特徴を捉え、基本的な対応およびその際の留意点を学ぶ。
>
> キーワード：問題行動、身体症状、心理的・環境的要因、くせ、場面緘黙

第1節　子どもの行動を理解する

1．サインとしての問題行動

　人間の心と身体は深く結びついている。身体が元気でないと心も元気でなくなるし、心が元気でないと身体にも不調が出てくる。「病は気から」ということわざのような経験は誰にでもあるだろう。子どもは一人ひとり個性を持ち、自分を取り巻く環境の影響を受けて発達する。特に、乳幼児は心と身体が未分化で、密接に関連している。また未熟で言葉で的確に表現することも難しいし、何らかの問題を解消する術を持ち合わせていない。そのため、環境の影響によって生じる気持ちの不安定さや葛藤、心の不調が身体の反応や行動として現れることがよくみられる。

　カナー（Kanner, L., 1974）は、「身体症状は、隠されている問題を考えるための入場券であり、心の中に悪いことが起こりつつある信号（サイン）である」とし、子どもの問題行動や症状が現れてきたことで、周囲の大人は子どもに何か起こっていると気づくことができると考えられる。

　大人は1日も早く子どもの問題行動や症状を取り除こうとしがちである。しかし、図13-1『水面に浮かぶ氷の原理』（中山、1992）を見ると、問題行動や症状の背景（家族関係、生育歴、友人関係など）を理解することなく、表面的な行動・症状だけを取り除こうとしても、なかなかその状況は改善しない。あるいは、その行動・症状は消えたとしても、また新たな問題行動や症状が生じてくる。それは、ちょうど水面上の氷の部分をいくら抑えつけて沈めても、手を離してしまえば再び浮かんできてしまう原理と同じなのである。水面上に現れている氷の部分（問題行動）を少なくしようと思うならば、むしろ水面下の氷の部分（問題行動の背景）に注意を向けて理解するように努めることが重要である。また、問題行動や症状はあったとしても、それが本人あるいは周囲が生活を送る上で著しい支障がない場合、つまりうまく適応できているならば、問題行動や症状を取り除くのではなく、それとともに生活したほうがよい場合もある。なぜなら、

それが子どもにとって自分の心を守ったり、よくない環境から自分を守ったりする方法
であるかもしれないからである。

2．問題行動の背景

　表13-1に問題行動に影響すると考えられる主な心理的・環境的要因を示した。しかし、
問題行動や症状がすぐに心理的・環境的要因が関与していると考えるのは危険で、発達
の過程で自然に見られるものであるのかを考え、次に身体疾患の可能性を考え医療機関
に罹ることが先決である。中には障害が関与している可能性も考えられる。これらの可
能性が否定され、心理的・環境的要因が関与している可能性があるのならば、それはい
つから始まったのかが重要で、生まれつきあるいは早期からみられるのか、それまで問
題行動や症状はなかったのにある時を境に始まったのかなど、問題行動前後の様子を総
合して理解することが大切である。ただし、保育者・教員は家庭環境や保護者の子育て

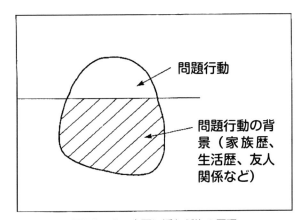

図13-1　水面に浮かぶ氷の原理

〔出典：中山　巌（1992）教育相談の心理ハンドブック、北大路書房、p.7〕

表13-1　乳幼児期・児童期における問題行動に関連する要因の主な例

母親の精神的不安定さ	両親の不仲・不在
神経質な育児態度	家庭内不和
拒否的育児態度	弟妹の出生
過保護的育児態度	祖父母の溺愛
愛情の欠如	本人の不安や強い不満
養育放棄	集団生活での緊張
父親の非協力的態度	転居・転園
一貫しない育児	

〔次郎丸・五十嵐・加藤・高橋、2000を参考に作成〕

に焦点を絞って原因を探し、責任を追及しがちになってしまうことには注意しなければならない。家庭環境だけではなく、園や学校での生活の様子や保育者との関係性、友達との関係性などの他の心理的・環境的要因も考慮する必要がある。

　また、似たような心理的・環境的要因であっても、子ども一人ひとりの許容範囲は異なり、その子どもの許容範囲を超えた時に問題行動や症状として現れる。そして、要因が何であったとしても、その時の子どもの発達・姿に寄り添い、気持ちに共感した対応が欠かせない。問題行動によって大人がきつく叱責したり、しつけたりすることで子どもの自己肯定感は低下する。また、子どもの問題行動に悩んでいる大人の気持ちを敏感に受け取る子はさらにそれが見えないストレスとなるかもしれない。幼い子どもは気持ちが安心・安定して初めて、自己発揮をし、何かにチャレンジしながら一つひとつ発達していくものであるため、まずは安心・安定した生活が送れているのか、家庭や園・学校での生活を見直す必要があるだろう。

第2節　さまざまな問題行動・症状

　本節では、前節で述べた心と身体、心と行動が絡み合って生じるさまざまな乳幼児期・児童期における問題行動・症状とその捉え方や対応について述べる。

1．くせ

　「無くて七癖」と言うように誰にでも癖はある。大人になってもくせはあるが、たいていは無意識にしているのではないだろうか。くせはそれ自体が心地良くてしていることもあれば、自分の不安や緊張、イライラといったネガティブな感情を解消し、気持ちの安定を図るためにやっていることもある。乳児期には、体のどこかを触る、動かす、しゃぶるなどがあり、幼児期では指しゃぶりや爪かみ、学童期以降では貧乏ゆすりやペンをカチカチ鳴らしたり、回したりといろいろな行動が人それぞれに見られる。これらは生活の中で偶然始まり、成長とともに自然と消えてしまうことが多い。一方で、治りにくいくせ、大人になっても続くくせもある。

1）指しゃぶりと爪かみ

　指しゃぶりは乳幼児期の早い段階では吸いたい欲求によるごく一般的な行動であり、1歳から6歳（就学）までの5,352名を対象とした平成22年度幼児健康度調査（衛藤、2011）によれば、2歳未満では47％で、年齢とともに徐々に減少し、3歳で12％、5〜6歳では9％である。

　爪かみは乳幼児の早い段階ではまれで、同調査（衛藤、2011）では2歳未満では4％で、

年齢とともに増加し、3歳で10%、5〜6歳では15%である。別の調査によると、10〜11歳では30%程度、14〜15歳では20%程度である（宮脇・松島、2006）。

　指しゃぶりや爪かみがその子どもにとってどのような機能（気持ちの立て直し・安堵、注意集中のための自己調整、自己刺激的な感覚遊び、手持ち無沙汰への対処等）を果たしているのかを考える必要がある。例えば、指しゃぶりが気持ちの立て直しの機能を果たしているのであれば、それを無理にやめさせようとすると、その役割を果たすための別の問題行動が出現する可能性がある。このような指しゃぶりは乳幼児期の発達の過程で一過性にみられる行動で大きな問題にはならない。一方、4〜5歳を過ぎて、学童期まで続く場合は歯並びに影響することがあり、介入が必要と考えられる。爪かみについても、軽度で出血や感染など合併症がない場合には特に介入の必要がないと考えられる。しかし、両親による叱責や友達からのからかい・拒否などを受けることもあるため、その際の二次的な心理的影響を考慮する必要がある。まずは、どちらもストレスや緊張によるものの場合はそれを取り除く環境調整を図り、またそれらが発散できるよう遊び等に誘うことが保育者・教員にできることかもしれない。

2）抜毛

　繰り返し自分の体毛（髪の毛、眉毛、睫毛など）を抜くために体毛の喪失が目立つようになった状態を指し、円形脱毛症とは全く異なるものである。0.5〜2%ほどが経験していると考えられており、幼少期から現れるケースもあるが、就学前後や思春期に多い。自分の体毛だけでなく、人形の毛やペットの毛、カーペットの毛などを抜くこともある。時には抜いた毛を食べることもある。一般的に体毛を抜く直前に緊張感が高まり、体毛を抜いている時には快感や満足感、解放感が伴うと言われているが、全く無意識で抜いている場合もある。

3）性器いじり

　思春期以降に行なわれる性的欲求と関連する自慰行為とは異なり、幼い子どもにみられる性器いじり（性器を引っ張る、こすりつけるなど）には特に性的な目的や意味は含まれない。しかし、初めてそれを目にする保護者は困惑し、過剰に心配する。対応する際には、オムツかぶれや湿疹などのかゆみや不快感をチェックし、治療を受けてもらう、強い叱責をせずに軽く注意し、他の遊びや行動に誘うなどが考えられる。

4）チック

　自分の意志とは関係なく、突発的に繰り返し、体が素早く動いたり（運動チック）、「あっ」などの声が出たり（音声チック）することをチックと呼ぶ。瞬きや首をひねる、肩をすくめる、咳払い、鼻を鳴らすなどの単一の動きの場合は単純性運動チック、物の臭いを

かぐ、人の行動のまねをする、わいせつなしぐさをするなどの複雑な行為の場合は複雑性運動チックと呼ぶ。チックは6〜7歳ごろに発症することが多く、明らかに男子に多い。6％程度の子どもにみられる。1年以上持続しない一過性のチックと、1年以上持続する慢性のチックとがある。チックのうち、重症で多発性の運動チックと音声チックを伴う場合はトゥレット障害と呼ぶ。

　チックは生物学的な基礎（脳内神経伝達物質のアンバランスさや遺伝的要因など）があり、心理的要因や環境要因が加わって生じると考えられている。また、心理的な影響で変動することが多く、不安や緊張が増大している時や強い緊張が解けたとき、楽しくて興奮した時などによくみられる。また、疲労によっても増加すると言われている。幼児期には、一過性のチックが見られ、比較的軽度で何らかの心理的・環境的要因（入園やきょうだい誕生、両親の不和、叱責や注意が多い対応等）がきっかけとなることが多い。本人が気づいていない場合には、周囲が指摘し、やめさせようと無理に意識させると状態が悪化することもあるので注意が必要である。重症の場合や本人の苦痛が強い場合には、薬物療法が試みられることもある。

2．身体に現れる問題

　私たちは大人も子どももさまざまなストレスを感じながら生活をしている。心理学では本来ストレスの原因になるものをストレッサー、そしてそのストレッサーの影響を受けて身体、心、行動の側面でさまざまな反応が見られることをストレス反応と呼ぶ。ストレッサーには暑さ寒さ、空腹、痛みなどの物理的・身体的ストレッサーもあれば、これまで前節であげたような心理的・環境的要因のストレッサーもある。ストレス反応の身体の反応として、心拍数が増加し、血圧が上がり、消化器症状（腹痛、下痢、嘔吐など）、頻尿、風邪などの感染症にかかりやすくなる、アトピーなどのアレルギー性疾患が悪化するなどがみられる。ただし、これらの身体症状がすべて心理的・環境的要因によるものとは限らない。身体疾患の可能性もあるので注意する必要がある。さらに、心の反応として、不安、怒り、不満、無気力などの反応がみられる。行動としては、けんか、暴力、集団不適応、登園拒否・不登校などがみられる。

　ここでは、心理的・環境的要因から身体が不調となっている主な症状について記述する。

1）憤怒けいれん

　生後6か月から2歳頃の乳幼児が激しく泣いた後に呼吸を止め、顔面蒼白となりぐったりし、ときにはけいれんを起こす状態を憤怒けいれん（泣き入り発作）と呼ぶ。欲求不満や転んだり、叱られたりなどのささいなきっかけで起きる。敏感な子どもによくみられるが、一般的に発達とともに自然に消失していくので、あまり心配はいらないよう

である。周りの大人はけいれんに対する恐怖からはれ物に触るような扱いになりがちだが、多少泣いても動じないことが必要である。泣く理由がわかる場合は大人が解決し、また抱っこや注意を他に向けるなど、落ち着いて気持ちを立て直せるように工夫して手助けする。しかし、泣かないようにといつまでも大人が甘やかすのではなく、発達とともにすこしずつ我慢ができるように援助することが大切である。

2）反復性腹痛

　医学的な検査を行なっても身体的な原因が見つからないにも関わらず、腹痛が1か月に1回、3か月以上持続して生じることを反復性腹痛と呼ぶ。3歳頃からみられる。家庭や園・学校で強いストレスがある時に生じるため、安心できる環境づくりや子どもに合った環境（園・学校や習い事など）の選択の見直しなどを子どもの立場になって行なうことが大切である。

3）転換性障害（身体表現性障害）

　転換性障害（身体表現性障害）とは、一般に身体疾患を示すような症状が存在しているが、身体疾患や他の精神疾患では説明できず、心理的・環境的要因によって心身の不調を引き起こしている状況を指す。身体器官の異常はないのに歩けない、手の力が入らない、目が見えない、声が出ないなど症状は多彩で、かつては転換ヒステリーと呼ばれていた。子ども自身もなぜそうなるのか理由を自覚できず、また何かの拍子に治ったりするので仮病と間違われやすい。子どもは身体的にも精神的にも未熟であり、ストレスを自覚しにくい。さらに、それを言葉で表現する力が未熟で身体症状になって現れやすい。

3．排泄の問題

1）遺尿と頻尿

　遺尿とは、5歳かそれと同じ発達レベルの子どもが週に2回以上、3か月以上にわたって尿を漏らす場合を指す。夜間に起こる夜尿（いわゆるおねしょ）と昼間遺尿（日中のおもらし）がある。そもそも、排尿の仕組みは成長とともに変化する。出生直後から膀胱に尿が溜まると脊髄反射で排尿が生じていたのが、1～2歳で膀胱に尿が溜まった刺激が大脳に届き、尿意を感じられるようになり、おおむね3歳頃で排尿を随意的に行なうことができるようになるが、排尿の自立の時期には個人差がある。身体的原因（膀胱や尿道等の器官の異常、膀胱炎等の疾患、利尿ホルモン異常など）がなく、一度自立した後に遺尿がみられる場合は、心理的・環境的要因（弟妹の出生など）の可能性が考えられる。

　頻尿とは、大人でも試験や面接、仕事等の緊張する場面で頻繁にトイレに行く行動がみられるが、子どもでも初めての場所や電車やバスなど乗り物に乗る前、生活発表会な

どの行事の時に同じような行動がみられる。緊張状態が解けると頻尿はみられなくなるので、心理的ストレスとの関連が考えられ、緊張場面では繰り返される症状である。

　改善を試みて叱ること、頻回にトイレに誘うことや逆に強く我慢させること、夜間にトイレのために起こすことはかえってストレスになり、さらに悪化させてしまうこともあるので、焦ってしつけるのではなく、ゆっくり待つことが大切である。家庭や集団生活での不安や緊張が原因と考えられる場合には、遺尿や頻尿が現れてきた時点の前後の環境変化の有無を調べ、環境調整やストレス軽減を図る必要がある。

2）遺糞

　遺糞とは、4歳を過ぎても下着や部屋の中、風呂場などトイレ以外で大便をしてしまうことを指す。無意識的な排便の場合は便秘や他の疾患が原因である可能性があるので、小児科医に診てもらう必要がある。一方、排便が意図的である場合は弟妹の誕生や家族との別離といった心理的・環境的要因の可能性があり、さらに怒りの表現方法の1つとして行なわれている場合は反抗挑戦性障害（反抗挑発症）が合併している例もある。遺糞は臭いや後始末も面倒なため、周りの友達からいじめの対象になったり、家庭でも必要以上に叱責されたりして、自尊心低下を引き起こし、二次的な問題を抱えることもある。

4．食事の問題

1）小食

　大人はもちろん子どもも食欲にムラがあるのは当然である。また、悲しい出来事や辛い出来事のあったときには、一過性に食欲がなくなる。身体的不調による原因がなく、極端に体重減少が見られない限り心配はいらないようである。一方、慢性的に食欲も元気もない場合は注意が必要である。年齢が低いほど、自分のつらさを言葉で表現することが難しいため、食欲低下といった身体症状で表現することがあるため、食事の様子だけでなく、表情や他の行動、生活状況など多面的に捉え、食欲低下の背景を探る必要がある。

　また、食べ方や量などについて細かく注意されるような環境で食事をしている子の中には、小食になる子もいる。このような場合は1食ごとに一喜一憂せず、2～3日や1週間のトータルでの食事量や栄養バランスを観察し、食事が楽しくなるような雰囲気作りなどの工夫が大切である。

2）過食

　離乳期から幼児期の初め頃は、満腹中枢が未熟で、食欲に任せて食べすぎてしまうことが多々みられる。この場合子どもは自覚できないため、食事が終わるということを繰

り返し教えることが必要となる。一方で、食べすぎは、嫌なことがあった時などのストレスの解消や暇つぶしの方法として現れ、たくさん食べることで心を満たしていることがある。子どもの発しているSOSのサインを見逃さないようにしたい。また、大人が愛情の代償として食べ物を過剰に与えすぎることにも注意する。

3）偏食

　偏食は医学的な定義はなく、食べられるもののレパートリーが少ない場合を指すが、子どもの場合少なからず偏食傾向があっても不思議ではない。単なる食わず嫌いであれば、年齢とともに経験を重ねて改善がみられるのであまり心配はないが、自閉症スペクトラム障害にみられる偏食は感覚過敏が根底にあると考えられ、無理に食べさせることは禁物である。

4）異食

　異食とは、食物以外のものを食べることで、それが発達水準からみて不適切で、少なくとも1か月以上続いている状態である。石や毛、布、紙、絵の具、葉、花、土などさまざまなものを食べる。知的障害や自閉症スペクトラム障害に伴う場合が少なくない。タバコや釘、大量の頭髪などは命に関わることもあり、注意が必要である。

5．睡眠の問題

1）夜泣き

　寝かしつけようとするとぐずり、授乳や添い寝をしても泣き止まない。泣き疲れて、あるいは抱いて落ち着かせている間にうとうとし始めたため、布団に寝かせるとまた火がついたように泣き出す。このような状況が毎晩持続するのが夜泣きである。乳児期にさまざまな外からの刺激を受け取るようになる生後8か月頃の夜泣きは一時的で心配することはない。幼児期でも20％以上の子どもに夜泣きがみられるが、10歳頃にはしなくなる。食事や運動、入浴の時間や内容など生活の見直し、工夫によって改善できることもある。

2）夜驚症

　夜驚症は睡眠中に突然覚醒し、強い恐怖を感じた叫び声から始まり、泣いたり、激しく動いたり、発汗、動悸などが見られる。入眠して1〜2時間後に起きやすい。夜驚の間に落ち着かせようとしても難しく、起きた後にその出来事や夢の内容を思い出すことも十分できない。子どもの約3％でみられ、4〜12歳頃に多いが、ほとんどは思春期までに自然に治っていく。

6. 場面緘黙
<small>かんもく</small>

　家庭では普通に話すことができるが、園や学校などの社会的場面で話せないことが続く状態を「場面緘黙」という。以前は「選択性緘黙」とも呼ばれていたが、決して本人の意思で選択して話さないのではなく、いくら話したくても話すことができない、あるいは自分でもどうして話せないのかわからないのである。さらに、声が出せないだけでなく、体も硬直して思うように動かせない状態は緘動と呼ばれる。また、話す機能に問題がないにもかかわらず、家庭でも話すことができない状態を全緘黙という。

　場面緘黙の子の多くは、家庭では自然に話し、不安や緊張が高まる園や学校に来ると話すことができなくなる。一方で、特定の先生とは話ができる、仲の良い友達とは小声でなら話すことができる、挨拶程度はできる、「はい・いいえ」程度の応答はできる、首を振るや指さしなどのジェスチャーはできるなどコミュニケーションの程度は個人によって異なる。また、人前で食事ができなかったり、園や学校のトイレに入れないなどもある。

　家庭では問題なく話ができるため、長い間家族には気づかれずに園や学校の先生からの指摘で驚く保護者もいる。何とか話せるようにと苦心するかもしれないが、それがかえってストレスとなり本人を苦しめることにもなる可能性があり、改善しにくくなる。声を出した瞬間の周りの反応に驚き、また話せなくなるということもある。

　安心して過ごせる環境に配慮する。おとなしい子と捉えられるが、困っていることなど伝えたいことをうまく伝えられずに放っておかれることもある。会話に頼らないコミュニケーションができるのであれば、それを保育者・教員も取り入れ「話さなくてもOK。あなたを見捨てていない。」というメッセージが伝わるような関わり方が重要である。きちんと言わなくても、全部言わなくても、長く一緒にいてお互いに関心を寄せていれば、考えていることは何となく感じ取ることができる。「きちんと言わなくても、この保育者・教員には伝わる」という信頼関係を築くことが大切である。

Column | 事例

　筆者がある幼稚園教諭から聞いたエピソードである。Aちゃんは場面緘黙があり、話さなくてもその様子を受容し、「いつかAちゃんのお話が聞けるかな」と思いながら保育を続けていた。しかし、とうとう卒園式を迎えても彼女の声を聞くことはできず、自分の保育を振り返り、「これで本当に良かったのかな」と自問自答していた。その数日後、姉に連れられて園にひょっこり顔を出したAちゃんは、とても小さな声で「先生、大好き」と耳打ちした。

第14章　学校の危機管理

学びのポイントとキーワード

　学校におけるさまざまな危機から子どもたちを守るために、学校で行なわれている危機対応について理解をする。危機は当然のことながらいつ来るかわからないものであり、学校だけでなく地域や保護者などとも常に連携することが重要であることを学んでほしい。

キーワード：学校の危機、危機管理マニュアル、安全点検、避難訓練、安全・防災
　　　　　　教育、心のケア

第1節　学校の危機とは

1．学校の危機

　ガタガタガタガタ…「地震や！机の下にもぐらな！！」学校で地震が起きたとき、子どもたちはすぐに自分の身を守ろうと机の下に隠れるなどの行動をし、教職員は、出口を確保し、校舎内を点検し、危険箇所がないか確認する。2011年に起こった東日本大震災では、下校してバラバラなところにいた釜石小学校の児童が一人も津波におそわれることなく教員の指示がなくとも自分で考え自分の命を守れたことは「釜石の奇跡」として話題となった。地震だけではなく、2001年の池田小学校事件（大阪府）は日本中を震撼させ、2020年に流行した新型コロナウイルス感染症においては、全国のほとんどの小中学校、特別支援学校等が休校措置をとり社会問題となった。

　学校の危機には、地震・津波、事故、不審者侵入、登下校時の緊急事態、交通事故、気象災害など多くあるが、このようなことは、いつ起こるかわからないものばかりである。これらのいつ起こるかわからない危機から、学校は子どもたちの安全・安心を保障するために危機管理を行なっている。

2．危機管理マニュアル

　学校における子どもの安全については、過去に発生した事故や事件、自然災害を踏まえてさまざまな取り組みが行なわれてきており、2009（平成21）年に施行された学校保健安全法は、各学校において、学校安全計画及び危険等発生時対処要領の策定を義務付けるとともに、地域の関係機関との連携に努めることとしている。その要領は危機管理マニュアルとよばれており、学校の管理下で事故などが発生した際、教職員が的確に判

断し円滑に対応できるよう、教職員の役割等を明確にし、児童生徒等の安全を確保する体制を確立するために必要な事項を全教職員が共通に理解するために作成されるよう文部科学省が提唱しているものである。それぞれの学校の危機管理マニュアルは各学校の実情を踏まえて作成されるもので、一度作成した後も、訓練、評価、改善を繰返し行なっていくことが必要とされている。

　先程も述べたように、学校の危機はいつ起こるかわからない。よって、学校の危機管理において、「事前の危機管理」がその後の対応全てにつながる。よって、文部科学省の「学校の危機管理マニュアル作成の手引」に基づき事前の危機管理を中心に述べていくこととする。

第2節　事前の危機管理

　事故や災害にあうと、人は冷静な判断ができなくなり、パニック状態となる。学校においても教職員がパニック状態になって子どもの命を守れなくなることは避けなければならない。そのために、学校にはありとあらゆる危機を想定した事前の危機管理が行なわれている。

1．体制整備

　学校における危機管理に関する組織体制については、各学校の実情に応じて、想定される危険等を明確にし、事前、発生時、および事後の危機管理に応じた体制を家庭・地域・関係機関等と連携し、全教職員の理解を図り、機能的で実践的なものでなければ、実際に危機が起こったときに対応できない。

　また、学校、家庭、地域、関係機関等が、連携・協働に係る体制を構築し、それぞれの責任と役割を分担しつつ、学校安全に取り組むことが必要である。

2．点検

　学校保健安全法施行規則において「毎学期一回以上、児童生徒が通常使用する施設及び設備の異常の有無について系統的に行なわなければならない。必要があるときは、臨時に、安全点検を行なうものとする。」（第28条（抜粋））「設備等について日常的な点検を行ない、環境の安全の確保を図らなければならない。」（第29条（抜粋））とされている。教職員はありとあらゆる危機を想定し、危険箇所を抽出していかなければならない。例えば、教室の窓側にロッカーなどを置くことは禁止されている。なぜかというと、そのロッカーなどの上にのって外を見ていてあやまって落ちてしまうという事故の事例があ

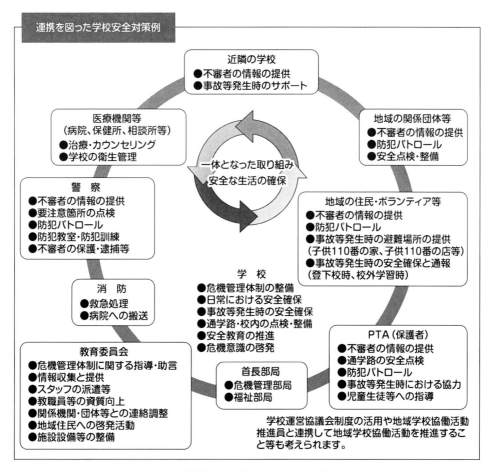

図14-1 幼稚園等における危機管理の際の留意点

〔出典：文部科学省（2018）学校の危機管理マニュアル作成の手引、独立行政法人日本スポーツ振興センター学校安全部、p.7〕

るからだ。教室のドアの開閉がスムーズでないと、地震が起きた時に出口を確保できず、ドアの施錠ができないと不審者が来たときに教室の中に子どもを避難させることができない。防火バケツに水が入っていないと、火事が起きたときに役に立たない。など、毎月1回定期的に校内の安全をチェックするとともに、過去の事故等の発生に関する情報などからも危険箇所をチェックしていかなければならない。事故の発生には、典型的な環境条件が存在する。学校施設内及び通学環境内における、事故と結びつく環境条件を見出すなど、定期的・臨時的・日常的に点検を行なう。少しでも危ない箇所があればすぐに改善していくことで、事故の多くは防ぐことができるのである。

　しかし残念ながら、安全点検をしていても事故や事件で子どもの命が奪われることもあった。1999年の京都市の小学校における児童死亡事件以降、学校にインターホンが設置され、来校者は名札をつけて、インターホンを押してから学校に入るようになった。2016

年の大阪大地震で倒れてきた塀に下敷きになって亡くなった児童がいた。その地震以降日本全国の学校の塀が点検され、修理されたり取り壊されたりした。痛ましい事故や事件が起こってからでは遅いが、そこから学び迅速に対応していくことも必要である。

3．避難訓練

　「お・は・し・も・て」と聞いて、何かわかるだろうか。これは避難標語だ。「**おさない・はしらない・しゃべらない・もどらない・ていがくねんゆうせん**」という避難行動原則の頭文字を取ったものだが、地方で多少の違いはあるものの日本全国の子どもたちが知っている避難標語である。避難訓練といえば、火災や地震を思い浮かべることと思う。2016年の大阪大地震は登校時に起きたし、2011年の東日本大震災が起きたときには下校している子も多くいた。そのように、子どもたちが学校にいる時や授業中に起こるとも限らない。生徒児童等がばらばらな場所にいる休み時間に訓練を行なったり、避難経路に障害物をおいて自分たちで避難経路をすぐに判断して避難する訓練を行なったり、下校時に行なったりと、さまざまな場面を想定する訓練を行なうことが大切である。火災の場合も同じである。理科室、家庭科室、給食室など火事が起こる可能性の高いところを発生場所として行なうが、訓練のときには事前にどこから火事が起こるかを言わずに、訓練のときの放送をよく聞いてどこから避難するか考える機会を与えることもある。訓練をするときに大切なことは、子ども自身も自分で考えるということである。そうしないと、実際に起こったときに訓練の成果を発揮して動くことができなくなる。

　また、大きな地震が起きたときなど、子どもを学校に待機させるか、保護者に引渡すかなど、状況を把握し、子どもの安全を第一に考えた判断をする必要がある。保護者に引渡す際には一度に多くの保護者が集まり、地震等で動揺していたりすると、混乱することが想定される。よって、年度当初に保護者に誰が迎えに来るのかを緊急時引き渡しカードに記入してもらい、引き渡し訓練を行ない、確実に安全にスムーズに子どもの引き渡しができるようにすることも大切である。

　火災や地震の他にも、不審者対応、津波、水害など学校で何を行なうのか、各校でしっかりと検討して行なう必要がある。不審者対応は1990年代以降の神戸連続児童殺傷事件、京都小学生殺害事件、池田小学校事件など日本中を震撼させた事件以降に行なわれるようになったが、他の学校で起きた事件や事故が自分の学校にも起こることを想定して行なうことにより、同じような事件や事故を未然に防ぐことができるようになる。また、2011年の東日本大震災の時に子どもたちが自ら考えて避難することができたのは、津波が起きたときの訓練を行なっていたからであるが、学校のある地域の特性を捉えた訓練を行なっていくことも重要である。

４．教職員研修

　夏になると子どもたちの大好きな水泳学習がやってくるが、平成24年度から平成28年度の５年間に、学校管理下における水泳中の死亡事故は25件発生していることからもわかるように、子どもの安全を守ることに課題がある。子どもの命を守るためにも、各学校においては、学校安全計画に教職員の研修を位置づけ、事前、発生時、事後の三段階の危機管理に対応した校内研修を行なうことが求められている。その際、最新の情報を全教職員が共有できるよう、校務分掌中に学校安全の中核となる教員を位置づけ、研修の推進役としての役割を担ってもらうなど、校内体制の整備も必要である。

　（研修内容の例）
・危機管理マニュアルに基づく防災・防犯等の避難訓練
・事故等発生時の対応訓練（被害児童生徒及び保護者への対応を含む）
・AEDを含む心肺蘇生法などの応急手当に関すること
・エピペンの使用方法を含むアレルギーへの対応に関すること
・校内の事故統計や事故事例、日本スポーツ振興センターの情報等を活用した安全な環境の
　整備に関すること
・児童生徒等に対する安全教育に関すること（身につけさせる安全に関する資質・能力、安
　全教育の教育課程への位置づけ、教科等における指導内容や教材等に関する共通理解等）
・児童生徒等の心のケアに関すること

５．安全・防災教育

　2013年３月に文部科学省より発刊された「学校防災のための参考資料『生きる力』をはぐくむ防災教育の展開」では、防災教育のねらいを次のように示している。

　ア　自然災害等の現状、原因及び減災等について理解を深め、現在及び将来に直面する災害
　　　に対して、的確な思考・判断に基づく適切な意思決定や行動選択ができるようにする。
　イ　地震、台風の発生等に伴う危険を理解・予測し、自らの安全を確保するための行動がで
　　　きるようにするとともに、日常的な備えができるようにする。
　ウ　自他の生命を尊重し、安全で安心な社会づくりの重要性を認識して、学校、家庭及び地
　　　域社会の安全活動に進んで参加・協力し、貢献できるようにする。

　また学校防災参考資料には、小学校段階における防災教育の目標を次のように示している。

> ア　知識、思考・判断
> ・地域で起こりやすい災害や地域における過去の災害について理解し、安全な行動をとるための判断に活かすことができる。
> ・被害を軽減したり、災害後に役立つものについて理解する。
> イ　危険予測、主体的な行動
> ・災害時における危険を認識し日常的な訓練等を活かして、自らの安全を確保することができる。
> ウ　社会貢献、支援者の基盤
> ・自他の生命を尊重し、災害時及び発生後に、他の人や集団、地域の安全に役立つことができる。

　いつ起きるかわからない事故や事件、災害等に対して、児童生徒自らが危険を予測し、回避することが必要である。危機予測能力とは、危険が存在する場面において、行動する前に危険を知覚し、それが身に迫る危険であるかどうか、重大な結果を招くかどうかを評価する能力といえる。また危険回避能力とは、危険予測に基づいて迅速かつ的確に、より安全な行動を選択する能力である（渡邉、2013）。その2つの能力を防災教育において育成していかなければならない。2011年に「釜石の奇跡」を起こした子どもたちは、大人が大丈夫だと思っていたにも関わらず、大人を説得してまでも津波から自分たちの命を守ることができた。この子どもたちは、これまでの防災教育において、危機予測・回避能力をしっかりと身に付け、「主体的に行動する」ことができたのである。

　危機予測・回避能力は1度学習しただけで身につくものではない。そのためにも安全・防災教育で大切なことは、繰り返し学習していくことと、How toだけではなく、なぜそのような行動をとらなければならないのかということを子どもと一緒に考えることである。令和2年度より全面実施となった新学習指導要領での主体的・対話的で深い学びは安全・防災教育でも実践していくことが求められている。「実際に地震が起きたとき、どうしたらよいのか」「午後が大雨になるという天気予報がでている日にハイキングに行くのか」といった課題を解決していく学習や、自分たちで実際に校区を歩いて回ったり、インタビューをしたりして情報を集めて防災マップや交通安全マップを作る実践など、子どもたちが主体的・対話的に深く考え、防災や安全の意識を高めていけるような効果的な実践をしていくことが求められている。

　また、小学校新学習指導要領では、社会科の改訂の趣旨の中に防災・安全への対応が明記され、理科では「土地のつくりと変化」において自然災害との関連を図りながら学習内容の理解を深めたりすることにより理科を学ぶことの意義や有用性を認識したりできるようにしたことが明記された。各教科や総合的な学習の時間、特別活動等において年間を通じて指導すべき内容を整理して、学校安全計画に位置付けることにより、系統的・体系的な安全教育を計画的に実施することが求められている。

6．登下校及び校外活動時における事故等発生の事前対策

　遠足や社会見学、宿泊学習など、校外で活動する際の対策もしておかなければならない。校外活動の前には必ず下見に行くが、その時に、子どもたちの安全が守れるように、危険箇所を確認したり、引率者の役割を確認したりしなければならない。

・校外での活動を行なう際、特に、学校が所在する地域の環境条件と異なる場所へ行き活動する場合は、事前に現地の状況や気象情報などを十分に把握する必要がある。

・悪天候などで活動を変更または中止する場合を想定し、事前に代案を決めておくとともに、活動中は気象情報に気を配る必要がある。

・グループに分かれて活動する場合や児童生徒等が教職員から離れて活動する場合などは、児童生徒等から教職員への報告体制や学校、保護者、関係機関等への緊急連絡体制を整備しておく必要がある。

・校外でマラソン大会を行なう場合や部活動で遠征する場合など、AEDを使用することが考えられる場合は、事前に設置箇所を確認し、必要に応じて活動場所に持参するなどの対応が必要である。また、使用方法等について教職員間で確認しておく必要がある。

7．幼稚園等におけるマニュアル作成の留意点

　幼稚園等は、幼児が心身ともに未熟であり、預かり保育等で幼児の登降園時間も異なり、広域からの通園、教育活動の場や内容・時間配分が多様で教職員数が少ない、教職員の職種や勤務時間・曜日がさまざま、などの特徴があり、これらを危機管理の際の留意点として押えた上でマニュアルを作成することが重要である。

表14－1　幼稚園における留意点

【1】事前の危機管理（予防する）

体制整備	教職員の役割の 共通理解・役割分担	その日の出勤者が自分の役割を自覚するとともにその他の教職員の分担も理解し行動する。 バス通園の場合は、非常時を想定してルートや避難場所などを選択・判断できるよう、対応を事前に決めておく。
避難訓練	教職員の危機管理意識向上のための訓練	朝や午後の預かり保育、降園後の施設開放、昼食時、プール、遠足（徒歩・バス・電車）などのさまざまな場面や時間帯を想定して避難訓練を行なう。 非常勤職員も参加することで、全教職員の共通理解を図る。 AEDや応急処置の研修も非常勤職員を含めた全教職員が参加できる体制をつくる。

保護者との連携	引渡し等の理解と協力	事故等が発生した場合の連絡の仕方・幼児の引渡しの方法については、年度当初に保護者と確認しておく。 保護者の勤務場所やきょうだいの有無及び在籍校、緊急時の連絡先を事前に確認し、迎えが遅くなる幼児を把握しておく。バスや自転車通園の場合は、平常時の所要時間を把握しておき、迎えに時間がかかることを想定しておく。
	登降園時の約束の理解	日々の登降園や家庭生活の中で、保護者が歩行・横断・自転車のルールやマナーのモデルであることを繰り返し伝える。 バスや自転車通園の保護者には、幼児自身の目や足で交通安全や不審者対応について確認する機会を意識して設けてもらうようにする。
幼児理解	特別な配慮の必要な幼児への対応	幼児の特徴や、いつもと違う状況での配慮点、介助者等がいない場合に誰がどのように避難に付き添うか等について、園内で共通理解を図る。

【2】個別の危機管理（命を守る）

園内	避難誘導	不審者侵入時は、複数の教職員で対応し幼児誘導の時間を稼ぐ必要があるが、不審者を捕えることよりも、複数の教職員で幼児を素早く避難させることを最優先にする。
	役割分担	複数の教職員で連携して幼児の安全確保を行なう。避難した部屋で幼児に指示を出す教職員と、事故等の発生元や不審者の情報収集・確認、本部との連絡を行なう教職員に分かれて対応する。
	人員の確認・報告	保育中は園内のさまざまな場所に年齢の異なる幼児がいるため、どの部屋にどの組が何人避難しているか、教職員はどの幼児がいるかを確認して内線などで対策本部に報告し、園の全人員の安否を確認する。

【3】事後の危機管理（復旧・復興する）

引渡しと待機	他校にきょうだいがいる場合は、年長の児童・幼児から引き取る等のルールを事前に保護者と決めておき、年少の幼児は迎えが来るまで園で預かるようにする。
避難所対応	幼稚園は基本的に避難所にならないことが多いが、自治体によっては乳幼児・障害児対応施設になる場合がある。また、近隣の未就園児親子が不安から自主的に避難してくる場合もある。施設の開放の仕方などについて、あらかじめ園内で共通理解を図っておく。

【4】個別事項

食物アレルギー	除去食の保管場所や、昼食時に座る場所に配慮する。また他児の弁当の中身を確認し、場合によっては食事をする部屋を別にするなどの対応を行なう。食事前後の机などの消毒を徹底する。園で栽培した食材や市販の菓子等の飲食前には、その食品の成分表を、あらかじめ全保護者に確認してもらう。
プール	ビニールプールであっても指導者とは別に監督者を配置し、幼児の見守りだけでなく、指導者の指導する位置についても随時指導を行なう。

〔出典：文部科学省（2018）学校の危機管理マニュアル作成の手引、独立行政法人日本スポーツ振興センター
　学校安全部、p.47〕

第3節　事後の対応

　さて、事前の危機管理について詳しく述べてきたが、事故や事件、自然災害はいつ起こるかわからない。万が一、事故や事件、自然災害などが起こった時には、迅速で適切に事後の対応をしなくてはならない。よって、事後の対応について述べていくこととする。

１．子どもの安否確認

　まず、子どもの安否を確認する。事故等は、必ずしも教職員がついている授業中だけでなく、休み時間、放課後、登下校中にも起こりうる。子どもだけでなく、教職員も負傷している場合もあるため、安否確認できる体制を複数整えておくことや、情報の集約については担当を決めて組織的に行なう必要がある。避難訓練のときに、担任（授業担当者も）は必ずクラス名簿を持参して避難することになっている。それは、事故等が起こったときに全員がそろっているのか、その日の欠席者も含めて名簿を使って確実に把握しなければならないため、常日頃から持っておく必要がある。また、地震等で職員室が被害を受ける場合も考えられる。よって、全校児童の緊急連絡先が書かれているものを保管する場所を全教職員が知っていること、避難するときすぐに持参できるよう、準備しておく必要がある。さらに、下校中にも、不審者に出会ったり、事故などに出合ったりとさまざまなことが起こりうる可能性がある。その時もすぐに対応できるよう、教職員の役割を決めて、子どもの安否を確認しにいったり、連絡したりする。そして、状況を確認して、その後の対応を決定する。また、保護者や地域の方に緊急連絡ができる方法を複数もっておくのも必要なこととなってくる。いつ起こるかわからない事故や災害等に対して、事前の準備とともに、その場での適切な対応が求められるのである。

2．心のケア

　子どもが事故等を経験する、また、直接体験していなくても、家族や親しい友人などに起こったことを耳にすることでも恐怖や喪失体験などにより心に傷を受ける。症状としては、そのときの出来事を繰返し思い出す、遊びの中で再現するといったようなものがあるが、さらに、情緒不安定、睡眠障害なども現れ、生活に大きな支障を来すことがある。こうした反応は誰にでも起こりうることであり、ほとんどは時間の経過とともに薄れていくが、このような状態が3日から1か月持続する場合は、「急性ストレス障害（ASD）」、1か月以上長引く場合は「心的外傷後ストレス障害（PTSD）」といわれる。さらに、発生直後には目立った症状がなくても、数か月後に遅れて発症する場合もある。

PTSDの三大症状

〇持続的な再体験
・体験した出来事を繰り返し思い出し、悪夢を見たりする。
・体験した出来事が目の前で起きているかのような生々しい感覚がよみがえる（フラッシュバック）。等
〇体験を連想させるものからの回避や感情がまひしたような症状
・体験した出来事と関係するような話題などを避けようとする。
・体験した出来事を思い出せない。
・人や物事への関心が薄らぎ、周囲と疎遠になる。等
〇感情・緊張が高まる
・よく眠れない、イライラする、怒りっぽくなる、落ち着かない。
・物事に集中できない、極端な警戒心を持つ、ささいなことで驚く。等

（左枠）
●児童生徒等が嫌がることはしない
●安心感を与える
●症状が必ず和らいでいくことを伝え、
●普段の生活リズムを取り戻す
PTSDの予防・対応

（右枠）
●日常生活の健康観察
●質問紙による調査
●保健室の来室状況
●保護者等の情報
心の健康状態の把握

※学校は養護教諭を中心として心身の健康状態の把握に努める

支援体制の確立
学校を中心として専門家（精神科医、カウンセラー等）・地域の関係機関等との連携

※非常災害時の心のケアが、効果的に行われるためには、日頃から教育相談や健康相談が学校の教育活動に明確に位置付けられ、円滑に運営されていることが大切です。
また、学校内では、教職員、学校医、スクールカウンセラー等の連携を図ることが重要です。

回　復

図14-2　事後の危機管理　心のケア

〔出典：文部科学省（2018）学校の危機管理マニュアル作成の手引、独立行政法人日本スポーツ振興センター学校安全部、p.52〕

　よって、発生直後から子どもや保護者等に対する支援を行ない、PTSDの予防と早期発見に努めるだけでなく、なるべく長期にわたって心のケアを実施することが大切である。

　子どもだけでなく、保護者や教職員も心身の不調をきたし、心のケアが必要な場合もある。日頃から、自身の心身の状態を知り、早期に気付いていくことも必要となっていく。また、学校の教職員だけで児童生徒等の対応をするのではなく、専門家（精神科医、カウンセラー等）や地域の関係機関等と連携し、支援体制を確立し、子どもを含めた学校全体の回復を目指していく。

Column | 緊急支援とは

　学校コミュニティの構成員が危機状態に陥った場合、健全な成長・発達を支援するという本来の機能を回復するために事件・事故の直後に行なう援助活動を「緊急支援」という。具体的には、①事実の共有、②ストレス反応と対処についての情報提供、③個々人の体験の表現の機会の保障といった3つの内容について、教職員、児童生徒等、保護者という3つの対象に対して、おおむね事件・事故発生もしくは発覚後数日間に行なう活動である。緊急支援については、各都道府県にある臨床心理士会等がチームをつくっており、学校、教育委員会の要請を受け、緊急支援チームが外部の専門家として学校コミュニティに出向き、支援を行なう。緊急支援は①心の傷の応急処置によって反応の重篤化・長期化を予防し、②一次被害の二次予防、③二次被害の一次予防という、予防という機能をもつものである。危機的な出来事を身近に体験した人々への心理的ケアには、①事件・事故についての正確な情報を伝え、共有すること、②危機的な出来事を体験した際のストレス反応とそれに対する対処方法についての情報提供を行なうこと（心理教育）、③事件・事故についての各自の体験をありのままに表現する機会を保障することが含まれている。大規模な自然災害後の場合、どのような緊急支援プログラムをどの時点で実施することが適切であり、かつ可能であるかについては、現場の実情に合わせて十分な検討が必要である。

3．今後の課題

　子どもを取り巻く環境は日に日に変化しており、インターネット上の犯罪に子どもが巻き込まれたり、2020年には新型コロナウイルス感染症が拡大したりと、未曾有の出来事が起こり、学校はそのたびに対策を考えていかなければならない。子どもを守っていけるように、日ごろから保護者、地域との協力体制をつくっていくこと、今ある対策を活かしていくこと、そして、対策を毎年検討しなおし、活用できるものにしてくことが大切だと考える。

第15章　保育・教育相談の中での精神保健

学びのポイントとキーワード

　教育や福祉、医療関係者など対人援助職に携わる人は他者へのケアにのめりこむあまり、バーンアウトの状態に陥ることが多く見られる。バーンアウトに陥らず自分自身の精神的健康を維持、向上させることは精神的なゆとりを生み、子どもの精神的健康を保つことにもつながる。組織の中での精神的健康を高める方策について学び、健康教育への取り組みについても学ぶ。

キーワード：バーンアウト症候群、ライフスキル教育、組織全体の協働、レジリエンス

第1節　保育者の精神保健

1．対人援助職に見られるバーンアウト

　児童・生徒からの相談に真摯に向き合うためには受けとめる側自身の心理状態や感情も把握しておかねばならない。自分自身に精神的な余裕がないと相手の話に傾聴することはできない。教員や福祉・医療関係者など対人援助職の場合、職務に対する強い責任感と信念を持っており他者へのケアにのめりこむあまり、往々にして自分でも気の付かないうちに心身の過労に陥る。情緒的に消耗し意欲が低下してしまったり心身のイライラや怒りを溜め込み他者の話を聴く精神的な余裕を失っていったりもする。このように過剰なストレスが果断なく続き、次第に燃えつきるバーンアウト（バーンアウト症候群）の状態も引き起こしやすい。バーンアウトとは身体的な過労や職場の人間関係、過剰な仕事量などにより多大なストレスが負荷され、意欲の低下や無気力感を主症状とする状態であり、とくに医療関係や教育・福祉関係など対人援助職に多く見られる。対人援助職としての保育者・教員自身の精神的健康を保つこと、組織全体としての健康性を保つことは児童・生徒の精神的健康を保障することになり、問題が生じた場合も早期の解決に向けての基盤になることを意識しておきたい。

2．保育者の精神保健

　保育者は乳幼児の命を預かる仕事であり高い倫理と強い責任感が必要とされる。乳幼児は言語化が十分でないため常に目配り心配りが必要とされることや安全面への果断のない配慮も十分しなければならない。保育とは愛情をもって子どもを見守り、養護的側面と教育的側面を通して発達を援助する仕事で子どもの生活すべてに関わっていく仕事

である。また保育者の仕事は保育以外に保護者に対する支援も含まれている。児童福祉法では保育士の業務として「子どもの保育と同時に保護者に対する養育上の助言や指導を行なうこと」を義務付けており、保護者に対して保育相談を実施することも責務の一つとしている。昨今の社会状況からも保育者による保護者への養育上の助言や支援は期待されており、日常的で身近な対人援助職の一つとして位置づけられている。保育の専門家として子どもに対する保育を行なうだけでなく保護者への支援や指導が必要なのである。しかし保護者への関わりが質量ともに増していくことに責任を重く感じ、ストレスの一因になる場合も見受けられる。特に経験の浅い保育者には保護者対応は負担になることが多い。

　一方、保育者の就労時間が比較的長く長時間の勤務となることや、職場の人間関係の葛藤、保護者からの多様なニーズもストレスの一因となりやすい。保育者は心身ともに健康であることが必要とされるにも関わらず、このような状況から早期の離職やバーンアウトに至る結果にもなりやすい。

　厚生労働省による「保育士等における現状（2017）」の調査結果では、保育士の離職率は10.3％で、その原因は、「責任の重さに比べ年収の低さ」59％、「職員人数の不足」40.4％、「事務・雑務の多さ」34.9％となっており、ほかに「勤務時間の長さ」「人間関係」「保育方針」と続いている。また保育者の抱える困りごとの原因として往々にして指摘されることは、職場の人間関係によるものがあげられる。保育内容の複雑さや長時間の勤務もストレスの要因になりやすいが、人間関係によるものが心理的な影響を及ぼす、と言われている。保育の仕事はチームワークにより成り立っており、職員の協働により保育の質も向上していく。保育経験を重ねることで問題解決力も備えられていくことが多く、経験の浅い保育者を経験の長い保育者が支え、互いに協力し合う関係で困難が乗り越えられていくことも多い。反対に職場の人間関係が円滑に形成されていなければ、若い保育者は不安になり離職に結びついてしまうことも多くなる。保育者間の人間関係だけでなく、保護者との人間関係のあり方も影響は強い。保護者から保育に対するニーズも多様になっていること、育児不安や育児に自信を失っている保護者、個別の配慮を必要とする保護者が見られることが多く、保護者からの相談も以前より難しい内容になっていることなど、保護者との信頼関係の構築に苦慮する場合も見られる。経験の浅い保育者には負担になることも多いが、そのような時に先輩保育者が支え応援し、適切な見本を示すなどの支援があれば乗り越えやすくなる。保育現場での人間関係のあり方は、保育者の精神的健康を左右する大きな要因となる。

３．保育者としての発達過程

　保育者は保育経験を積むことで保育のスキルはもちろん、子どもや保護者、同僚との

人間関係においても柔軟で深い捉え方ができるようになってくる。保育者自身の経験から得られた見方は、保護者の子ども理解にも深まりをもたらし、効果的な保育相談に結び付く。秋田（2000）は保育者の発達段階についてエリクソンのライフサイクル理論をヒントに5段階に分けて論じている。表15-1は秋田の理論に筆者が一部を付け加えて作成したものである。

表15-1　保育者の発達段階

段階	時期	保育者の状態
第1段階	実習生・新任の段階	実践が具体的なその場にしか捉えられず、応用が乏しい。子どもと関わることはできるが、そこに発達の意味が見出しにくい。指導計画も応用力に欠け実践から学ぶ姿勢に欠ける。先輩に抵抗することもある。
第2段階	初任の段階	理論や経験を実際の保育に活かしていく。先輩の助言を活かすが使いこなす技術や知識は不十分で自信を失う。保育の中身がわかってきて自信を失ったり、自分の能力を必要以上に低く感じてしまうこともある。
第3段階	経験が蓄積されていく段階	専門家としての意識が向上。保育の専門家としてのアイデンティティが確立する。子ども、保護者、家族との関係性に視野が広がる。保育の計画も独自に立案し実践して改善していく力がついてくる。
第4段階	複雑な経験に対処できる段階	経験・知識・物の見方の枠組が統合されてくる。保育に熟練していき後任の育成にも視野が広がっていく。個別の配慮が必要な子どもや家庭へ適切な支援を行なえるようになる。保育の中でリーダーシップを発揮していく。
第5段階	影響力のある段階	体力的には減退してくるがより抽象的な見方ができ多様な概念を結び付けて多面的な見方ができる。知識と経験が有機的に連合され保育の専門性が高まる。

〔出典：秋田（2000）の理論を基に筆者作成〕

　各段階でそれぞれの課題はあるが、組織全体で支え合う協力体制はどの段階でも必要である。保育者相互で支え合い、子どもへの理解を幅広い視野で把握することは子どもの心身の健康や心理的安定感を培う基盤であり、何より子どもの最善の利益を保障するものとなる。

第2節　教員の精神保健

1．教員のストレスの要因

　文部科学省の「全国公立学校の教職員の状況調査（2017）」によると、教育職員の精神疾患による病気休職者数は、5,077人（全教育職員数の0.55％）で2007年度以降、少しずつ増加している。この調査で、精神疾患による休職者数の勤務年数による比較では、勤続年数1年未満が26.7％、1年～2年未満が23.3％、2年～3年未満が15.9％、3年以上が34.1％であり、勤続年数2年未満が約半数を占めている（図15−1）。経験の浅い教員の休職者の中で、その原因に精神疾患の占める割合が高い。この背景には、若い教員の中に教育に対する期待感や達成感を高めることがやりがいにつながる面がある一方で、教員はそれぞれが独立した専門職として見られることから意見や考え方の相違も起こりやすく、組織的に支え合う人間関係が必ずしも形成されるとはいえない風土も影響している。加えて社会での多様な価値観の中、保護者や児童・生徒の価値観も以前より多様になり予想外の反応も多くあり、教員自身が人間関係の中で思い悩むことも増える。こうした状況が重なって、経験の浅い教員にはストレスの高い状況が生じやすいと言えよう。

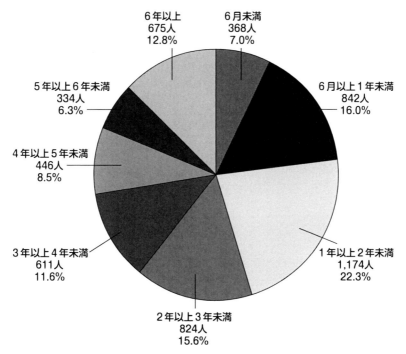

図15−1　精神疾患による休職発令時点での所属校における勤務年数

〔出典：文部科学省Webサイト　https://www.mext.go.jp/component/a_menu/education/detail/__icsFiles/afieldfile/2015/12/25/1365252_05.pdf（2020年9月25日閲覧）〕

　教員のストレスの要因は、仕事の内容の複雑さや量的な多さ、勤務時間の長さなどが指摘される。組織として支え合う土壌も機能してはいるが、教員という立場の独立性や専門性のゆえに経験の浅い教員には負担感が強く、精神的健康を阻害し休職に追い込まれる原因となる。

2．教員のメンタルヘルス対策

　文部科学省による「教師のメンタルヘルス対策（2011）」の調査結果では、精神疾患により休職している公立学校の教員は5,274人となり、前年度から若干減少したものの、依然として高水準にある。年代別では、新規採用教員の中で病気を理由として離職した教員のうち約9割が精神疾患によるものとなっており、先述したように採用間もない教職員に対する取り組みが重要な課題となっている。しかし40歳代、50歳代の精神疾患による休職者の割合も高く、この年代に対する支援も重要な課題となっている。教職員のメンタルヘルス不調の背景として、最も多い原因は業務量の増加および業務の質の困難化があげられる。保育者の場合と同様、勤務時間が長く平均勤務時間は11時間以上で残業時間も1月当たり平均約42時間となるなど、以前に増して長時間勤務となっている。

　この背景には、部活動に関連するものや役職、委員会に関するものが多い。そのほかに、授業準備や成績評価など教育に必要な業務が時間外になされており、持ち帰り仕事も増えている。通常の教育活動のほかに、保護者との関わり等が増えてきていることも負担感としてとらえられている。保護者との関わりは子どもの教育上必要なことであり大事なことであるが、家庭訪問なども時間外に行なわなければならず、負担になりやすい。提出しなければならない書類や資料、報告書も増えており、増加する仕事をより効率的にこなさなければならない状況となっている。

　不登校や問題行動など生徒指導上の課題はどの学校でも多く見られる問題で、主要な課題として取り組んでいることはもちろん、問題によっては保護者や地域との関係で複雑で難しい対応が求められることも多い。子どもに関する内容であれば何でも学校と関わりがあるので必然的に対応が増えており、今までの知識や経験だけで十分でないことも多く、その時々の状況に応じて新たな知識や技能を習得することが求められる。外部の専門機関と連携する機会も増えており、より幅広く迅速に積極的に対応することが求められている。

　厚生労働省の「過労死等防止対策白書（2019）」による調査結果においても、教職員の約8割がストレスや悩みを抱えており、最も多い原因は「長時間勤務の多さ」43.4％であることが明らかになっている。そのほかのストレス内容として、「職場の人間関係」40.2％、「保護者・PTA等への対応」38.3％、「学校や児童・生徒を取り巻く環境」31.1％、「休日・休暇の少なさ」28.6％、「研究等の時間の確保」23.4％などとなっている。

学校における過重勤務防止に向けた取り組みみとして、「教員（専科教員を含む）の増員」78.5％ともっとも多く、「学校行事の見直し」54.4％、「教員同士のコミュニケーションの円滑化」43.1％と続いている。「過労死等防止対策白書」では、学校における働き方の改革に向けて、ICTの活用などを増やし勤務時間を客観的に把握し集計すること、適切な役割分担、必要な環境整備等、教職員のストレスが過重にならないように是正に向けた取り組みを着実に実施していくことが重要であると結論づけている。学校全体の精神保健の向上のためには、教員自身の精神保健の向上が欠かせないものであり、時間的な余裕をもって児童・生徒の課題と向き合わなければならない。そのために学校が組織的な取り組みを行ない、支え合う体制のあることが前提となる。教員のストレスに対してメンタルヘルスを高めるために予防的対策の一例として以下の策が提案されている。

【セルフケアの促進】

・自らを客観視し、安定した気持ちで仕事ができるようメンタルヘルスの自己管理に努力

・自分自身のストレスに気づき、これに対処する知識や方法の習慣化

・不安を感じる際は、早めに周囲の産業医や精神科医等に相談

・教職員がメンタルヘルスについての知識やストレスへの対処行動を身につける

・教職員の家族等を対象とした相談窓口を周知し、家族の方から見た健康チェックリストを活用

【ラインによるケアの充実】

・日常的に教職員の状況を把握し、速やかな初期対応が重要

・校務分掌を適切に行ない、小集団のラインによるケアの充実、適切なバックアップ

・保護者との関わりへの迅速な対応や困難な事案に対する適切なサポート

【業務の縮減・効率化等】

・教職員の業務を点検・評価し、積極的に業務縮減・効率化を図る

【相談体制等の充実】

・定期面談の実施等あらゆる機会を通じた教職員との対話

・教育委員会等が用意している相談体制を把握し、教職員に周知し活用を奨励

【良好な職場環境・雰囲気の醸成】

・労働安全や衛生管理体制の整備、実効性のある取り組み

・「開かれた」学校、校長室、職員室にすることで、風通しの良い職場づくり

・職場内の問題を職場で解決する円滑なコミュニケーション

・個人情報保護に配慮した上で、ストレスチェックの活用や産業医、嘱託精神科医等の専門家を活用した相談体制を整える

　教員という職業上、目標を持ち成果を達成することでやりがいを得るという考え方が主流となりやすい。子どもに対しても自分自身に対しても「がんばれば何とかなる」という発想でとらえやすい。反対に期待していた成果が得られないと自分の力不足ととらえ必要以上の自己否定感につながる可能性もある。自分の価値観や考え方だけに縛られず多面的な見方を柔軟に取り入れることもストレスの軽減につながる。教員と児童・生徒、学校全体を支える組織の協力体制、「チーム学校」として組織全体が協働して教育相談体制を作っていくことは保育職の場合と同様、要となり大事なことである。一人ひとりの教員のメンタルヘルスを高めておくことが、子どもの困りごとに対して懐深く受け止める力になることは言うまでもない。

第3節　学校全体の精神保健の向上

1．健康教育への取り組み

　教育相談では児童・生徒が直面している困りごとや悩みに対応し共に解決への糸口を探っていくことが主たる目的であるが、同時に学校全体の精神保健の向上も目的の一つである。現在は特に直面している問題がない場合でも日常の教育活動に組み入れて予防的に取り組むこと、健康教育を通して児童・生徒自身も心身の健康に留意し健康の維持向上を意識していく取り組みは教育相談活動の一環として必要なことである。

　健康教育とは「健康な行動への自発的な適応を促進するあらゆる学習体験（野口、2001）」と定義されており、疾病予防だけではなく積極的に健康を意識し向上していくプログラムが作成されている。学校教育の中でカリキュラムの中に組み入れて子どもの年齢や発達段階に応じた取り組みが実施されている。たとえば初等教育においては「怒りの扱い方」や「友達と喧嘩した場合の仲直りの方法」などが扱われている。思春期では身体イメージが大きく変化する時期でもあり、「身体と心のバランス」「食行動」「よい眠り」「ストレスへの対処」等についての問題が取り上げられる。健康教育の中で自分の生活を見直し、積極的に自分の健康を向上していく知識や方法を学び、健康問題への解決を図ることや自分の健康に責任を持つことを目標としている。

　1986年WHOに採択されたオタワ憲章では「健康は、生きる目的ではなく、毎日の生活の資源である（Health is, therefore, seen as a resource for everyday life, not the objective of living）」と掲げられ、病気を一定の制約として受け入れた上で、与えられた機会の中でより良い生活を送るために自らの健康をコントロールするヘルスプロモーションの理念とともに新しい健康観を打ち出している。

　日本健康教育学会では、「健康教育とは、一人一人の人間が、自分自身や周りの人々の健康を管理し向上していけるように、その知識や価値観、スキルなど資質や能力に対

して、計画的に影響を及ぼす営み」と定義し、学校においては、食事、運動、喫煙、ストレス、病気やけがなどのさまざまなテーマに関して行なうことを推奨している。健康増進、すなわちヘルスプロモーションについて2005年WHOのバンコク憲章で「人々が自らの健康とその決定要因をコントロールし、改善することができるようにする過程（"Health promotion is the process of enabling people to increase control over their health and its determinants, and thereby improve their health."）」と述べ、オタワ憲章よりもさらに進んだ定義がなされている。このプロセスを進めていくために3つの健康教育計画が必要とされている。3つの健康教育計画とは、

①健康的なライフスタイル形成をめざした活動

②予防的健康教育

③支援的健康教育

　これらを計画的に体系だてて進めることが必要である。学校教育において健康を高めるために自分の生活を見直し改善していく具体的な実践方法も健康教育に含めていかなければならない。現代ではスマホやメール、ITに使う時間や使い方のルールなども含まれるだろう。変化の多い現代社会を適応的に生きていくために健康教育を体系的に組み立て、初等教育から心理社会的なスキルを学ぶことが必要である。例をあげれば、友人と意見を調整しながら共に生きていく対人関係のスキル、自分自身に対する自己肯定感を持ち自分なりの目標設定を行なうスキル、日常生活で発生する数々の葛藤や困難に問題解決を図り適切に行動する実践力など、よりよく生きるための建設的な方法を選択できる力を小学生・中学生の段階から備えていくことが必要である。

2．ライフスキル教育

　健康教育を教育課程に導入するカリキュラムについて、WHOでは1994年に教育課程の中に導入する「ライフスキル教育」として位置づけている。文部科学省も教育課程の中にライフスキルの知識や方法の習得を導入することで児童生徒の心理的な発達を促進し、社会生活で必要なライフスキルを育て、困難な問題に対処する力やストレス耐性を高める活動をすることを目標として提案している。

　WHOがあげているライフスキルの10項目には以下の内容が盛り込まれ、日常生活で生じるさまざまな問題に対する建設的で効果的なスキルとして位置づけている（Life Skills Education in Schools）。たとえば、友人と意見を調整しながら共に生きていく対人関係のスキル、自分自身に対する自己肯定感を持ち自分なりの目標設定を行なうスキル、日常生活で発生する数々の葛藤や困難に問題解決を図り適切に行動する実践力など、よりよく生きるための建設的な方法を選択できる力を小学生・中学生の段階から備えていくことが必要である。

表15-2　ライフスキル教育

ライフスキル	学ぶ内容
意思スキル	意志決定の基本的プロセス、困難な事柄について意志決定をする、人生の重要な事柄について意志決定をする
問題解決スキル	問題解決の基本的プロセス、困難な事柄、ジレンマ、争いごとに対して問題解決を試みる
創造的思考	創造的に考える能力の育成、新しいアイデアを産み出す、変化する社会状況に適応する
批判的思考	批判的思考の基本的プロセスを学ぶ、選択とリスクに対する客観的判断、メディアの圧力への対処
コミュニケーションスキル	基本的な言語的、非言語的コミュニケーションスキルを学ぶ、自己主張のコミュニケーション、不本意な圧力をはねのけるコミュニケーション
対人関係スキル	友人関係や家族関係に価値を見出す、新しい友人関係の形成や友人関係の維持、必要な場合に他者の支援やサポートを求める
自己認知	かけがえのない自分に対する認識、自己統制、自分の権利と責任
共感的理解	互いの共通性と相違について理解し認め合う、偏見や差別をしない、病者や弱者への配慮
情動に対処するスキル	情動の表出について基本的理解、情動の行動への影響を知っておく、情動に関して好ましくないストレスを知る
ストレスに対処するスキル	ストレス源についての知識、ストレスフルな状況への対処、逆境に対する対処

〔出典：WHO（2006）ライフスキル教育プログラム〕

　ライフスキル教育の視点から行なう実践的な取り組みは児童・生徒が自ら健康を高めていくための活動へ寄与することが出来る。過剰なストレスを受けた時、身体や心にどのような負担が生じるか知っておくことは自分の心の状態への気づきを高め、ストレスを軽減する方法を講じる糸口になる。

3．ライフスキル教育を通した教育相談

　ライフスキル教育を体系立てて継続的に行なうことで、子どもの心の発達に寄与することが出来る。たとえば、イライラした時や怒りを感じた時にどのように表現するかあらかじめ知っておくことは、いきなり怒りを爆発させたり他者を傷つけたりする行動を避けることが出来る。衝動的で激しい攻撃が心の中に生じた時に、それを鎮めたり回避する方法にもなりうる。心理療法の中の一つの芸術療法は安全に守られた中での自己の内面を表出する表現活動であるが、子どもが直接言語化のしにくい問題に直面している場合に言語化を必要としない絵画や音楽などの表現を通してその内面を表現し、内的な葛藤やストレスが発散されることも少なくない。芸術療法を通して自分の内面を表現し

たり、ストレスを発散したりすることで、カタルシスの効果が生まれる。

　心理的なストレスを受けた場合でもレジリエンスが高ければ精神的な回復は早い、と言われている。レジリエンスは、回復力、忍耐力、復元力と訳され、葛藤や困難に対する抵抗力としても働くが、子ども達が自分の持つレジリエンスの力を知っておくこと、レジリエンスを育てていくことを意識することで、精神的ストレス場面での回復力につながるだろう。

　このようなプログラムを教育課程の中に位置づけて精神保健に対する知識や方法を根付かせていくことは児童・生徒の心の健康を高めていく効果としても認められる。体系的なライフスキル教育を教育相談の一つとして積極的に取り入れていきたいものである。日常生活では、友人と意見が対立することはしばしば生じる。そのような場面で他者と意見を調整しながら共に生きていく対人関係のスキルも必要なことである。自分自身に対する自己肯定感を持ち自分なりの目標設定を行なうことも生きていくスキルの一つとして大事である。日常生活で発生する数々の葛藤や困難に問題解決を図り適切に行動する実践力など、よりよく生きるための建設的な方法を選択できる力を小学生・中学生の段階から備えていくことをライフスキル教育を通して実践していきたいものである。

Column | レジリエンス（resilience）とは

　レジリエンスとは回復力、復元力、弾力性と訳され、困難状況に対して立ち直るしなやかな強さと言われる。

　レジリエンスを構成する6つの要素として

①しなやかな思考、多面的に考え楽観的にとらえられる。楽観性は気楽さとは異なり対処できるストレスと、そうでないストレスを区別して対応できるということ。

②自分の軸が確立している、自分の価値観や目標があること。弱点も含めた自分を認識している。

③自己効力感をライフスタイルの中で持っている。自分について肯定的にとらえられる。

④対応力、精神的な敏捷性。柔軟な見方や視点を変えてみる力。

⑤セルフコントロール。状況や場面で自分の感情や行動を自ら統制できる。

⑥人とのつながり。人だけでなく自然に対する畏敬なども含む。何かとつながっていることが疎外感や孤立感を防ぐ。

　レジリエンスは、ポジティブ心理学の研究の一分野で、研究を教育に応用した「ポジティブ教育」の中でも重要とされている。PTSD（心的外傷後ストレス障害）に直面した時からの精神的回復にもレジリエンスによって効果がもたらされると言われている。子どもたちの「レジリエンス」（逆境に負けない心）を育てる重要性は、成績に偏重することなく、子ども達が幸せで、有意義な人生を送るために行なう教育として、教育カリキュラムに取り入れている学校も増えてきている。

引用参考文献

【第1章】

大西貴子・國久美代子（2018）「幼児期の発達障害支援におけるキンダーカウンセラーの役割」次世代教員養成センター研究紀要4、45-52

小田切紀子（2017）「第4章　再婚家庭の子ども」小田切紀子・野口康彦・青木聡編著、家族の心理、71-82、金子書房

河合隼雄（1999）「学校における心理臨床」小川捷之・村山正治編集、学校の心理臨床、2-10、金子書房

桑原知子（1999）教室で生かすカウンセリング・マインド、日本評論社

厚生労働省（2018）「平成30年（2018）人口動態統計の年間推計」
　https://www.mhlw.go.jp/toukei/saikin/hw/jinkou/suikei18/dl/2018suikei.pdf（2020年5月8日閲覧）

斎藤崇（2012）「福祉と保育における実践」日本人間性心理学会編、人間性心理学ハンドブック、102-109、創元社

坂上頼子（2015）「2章　保育カウンセリングの実際」滝口俊子編著、子育て支援のための保育カウンセリング、19-40、ミネルヴァ書房

文部科学省（2019）「教員をめぐる現状」
　https://www.mext.go.jp/b_menu/shingi/chukyo/chukyo3/002/siryo/attach/1380388.htm（2020年5月8日閲覧）

【第2章】

滝沢武久・山内光哉・落合正行・芳賀純（1980）ピアジェ知能の心理学、有斐閣

数井みゆき・遠藤利彦（2005）アタッチメント：生涯にわたる絆、ミネルヴァ書房

V. ブライアー・D. グレイサー、加藤和生監訳（2008）愛着と愛着障害：理論と証拠に基づいた理解・臨床・介入のためのガイドブック、北大路書房

田爪宏二編著（2016）保育の心理学　保育の中で捉えるこころのすがたと育ち、あいり出版

日本道徳性心理学研究会編著（1992）道徳性心理学　道徳教育のための心理学、北大路書房

柏木恵子（1983）子どもの「自己」の発達、東京大学出版会

ベネッセ（2010）「幼児の生活アンケート：東アジア5都市調査」

駒井美智子編（2018）保育者を目指す人の保育内容「言葉」第2版、みらい

【第3章】

小林真（2001）「幼稚園における教育相談の必要性−子育て支援の新しい方向性を求めて」富山大学教育実践総合センター紀要No.2、39-44

文部科学省（2010）生徒指導提要、教育図書

文部科学省（2008）スクールソーシャルワーカー活用事業
　https://www.mext.go.jp/（2020年9月25日閲覧）

奥澤嘉久・中川靖彦・小泉隆平（2018）「児童の教室復帰に向けた効果的な別室運営−小学校教職員と別室担当教職員に対する半構造化面接の分析から−」近畿大学心理臨床・教育相談センター紀要第3号、19-30

武内珠美・山田俊介・山﨑史郎（2010）「学校における心理臨床」鑪幹八郎・名島潤慈編著、第3版心理臨床家の手引き、225-235、誠信書房

矢野キエ・三木健郎（2018）「いかに保育者は応答するか−子どもが自分を表現していく営みを支えるために」大阪キリスト教短期大学紀要第58集、47-64

矢野キエ・三木健郎（2019）「振り返りの活動における保育者の丁寧な関わりと子どもたちの関わり合い」大阪キリスト教短期大学紀要第59集、24-47

結城孝治（2018）「幼児期における教育相談の意義についての一考察」國學院大学人間開発学研究第9号、97-119

小泉隆平（2018）「生徒指導の体制づくり−高等学校を中心に」大山泰宏編著、教職教養講座第10巻生徒指導・

進路指導、85-101、協同出版
全国教育研究所連盟
　http://nxc.jp/zenkyou/index.php?page_id=438（2020/9/3アクセス）

【第４章】
鯨岡峻（2005）エピソード記述入門－実践と質的研究のために、東京大学出版会
鯨岡峻（2018）子どもの心を育てる新保育論のために－「保育する」営みをエピソードに綴る、ミネルヴァ書房
厚生労働省（2018）保育所保育指針解説、フレーベル館
文部科学省（2010）生徒指導提要、教育図書
文部科学省（2018）幼稚園教育要領解説、フレーベル館
文部科学省（2019）幼児理解に基づいた評価、チャイルド本社

【第５章】
アルフレッド・ベンジャミン、林義子・上杉明訳（2005）カウンセリング入門　支援する心と技術、春秋社
馬場謙一・橘玲子（2007）改訂版カウンセリング概説、放送大学教育振興会
藤永保・仲真紀子監修（2005）心理学辞典普及版、丸善
Hendren, R. L.（1987）Communication and interviewing. In Wiener, J. M.（Ed.）, Behavioral Science, John Wiley & Sons, 1987
岸田博・中村喜久子・楡木満生（1984）カウンセリングの学び方、道和書院
水島恵一（1996）カウンセリング、放送大学教育振興会
諸富祥彦（2010）はじめてのカウンセリング入門（上・下巻）、誠信書房
中島義明（1999）心理学辞典、有斐閣
諏訪茂樹（1997）援助者のためのコミュニケーションと人間関係第２版、建帛社

【第６章】
石隈利紀（1999）学校心理学　教師・スクールカウンセラー・保護者のチームによる心理教育的援助サービス、誠信書房
伊藤亜矢子（2009）「学校でのコミュニティ・アプローチ」伊藤亜矢子編著、改訂版学校臨床心理学～学校という場を生かした支援～、12-28、北樹出版
内田利広・内田純子（2011）スクールカウンセラーの第一歩、創元社
長谷川啓三（2003）「集団守秘義務の考え方」臨床心理学3(1)、122-124
山本和郎（1986）コミュニティ心理学　地域臨床の理論と実践、東京大学出版会
文部科学省ホームページ　チームとしての学校の在り方と今後の改善方策について（答申）（中教審第185号）
　https://www.mext.go.jp/b_menu/shingi/chukyo/chukyo0/toushin/1365657.htm（2020年７月最終アクセス）

【第７章】
DeRosier, M. E.（2004）Biuilding relationships and combating Bullying. Effectiveness of a school-based social skills group intervation. *Journal of Clinical Child and Adolecent Psychology*, **33**, 125-130.
福田真奈（1998）「行動モデルの提示が幼児のソーシャルスキルの変化に及ぼす効果」日本教育心理学会第40回総会大会論文集、p118
藤枝静暁・相川充（1999）「学級単位によるソーシャルスキル訓練の試み」東京学芸大学紀要第１部門**50**、13-22
石隈利紀（1999）学校心理学、誠信書房
Kassinove, H & Tafrate, R. C.（2002）Anger Management：The Complete Treatment Guidebook for Practitioners. Impact Publishers.
國分康孝（1992）構成的グループ・エンカウンター、誠心書房
小林朋子（2009）「校内体制の作り方」渡辺弥生・小林朋子　10代を育てるソーシャルスキル教育、北樹出版

前田健一（1995）「仲間から拒否される子どもの孤独感と社会的行動特徴に関する短期縦断的研究」教育心理学研究**43**、256-265

前田健一・石川奈緒美（1995）「仲間遊びが持続しない幼児のソーシャルスキル訓練研究」愛媛大学教育学部紀要教育科学**41（2）**、39-53

Matson, J. L., Ollendick, T. H.（1988）佐藤容子・佐藤正二・高山巌訳（1993）子どものソーシャルスキル訓練－社会性を育てるプログラム、金剛出版

Meichenbaum, D.（1989）Coping with stress.、根建金男・市井雅哉監訳（1994）ストレス対処法、講談社

Novaco, R. W（1976）The Functions and Regulation of the Arousal of Anger. *American Journal of Psychitry, 133.* 1124-1128

文部科学省（2019）平成30年度児童生徒の問題行動・不登校等生徒指導上の諸課題に関する調査結果
https://www.mext.go.jp/b_menu/houdou/31/10/1422020.htm（2020年6月15日閲覧）

小野寺正己・河村茂雄（2003）「学校における対人関係能力育成プログラム研究の動向－学級単位の取り組みを中心に」カウンセリング研究**36（3）**、272-281

Patel, C.（1989）The complete guide to stress management. Random House.、山中寛（2013）ストレスマネジメントと臨床心理学、金剛出版

大野太郎・高元伊智郎・山田富美雄（2002）ストレスマネジメントテキスト、東山書房

佐藤恵子（2018）イライラに困っている子どものためのアンガーマネジメントスタートブック、遠見書房

佐藤容子・佐藤正二・高山巌（1986）「精神遅滞児の社会的スキル・訓練－最近の研究動向－」行動療法研究**12（1）**、9-24

佐藤正二・佐藤容子・相川充・高山巌（1993）「攻撃的幼児のソーシャルスキル訓練」行動療法研究**19（2）**、20-31

下山晴彦　監修　松丸未来・鴛渕るわ・堤亜美（2013）子どものこころが育つ心理教育授業の作り方、岩崎学術出版社

竹中晃二編（1997）子どものためのストレスマネジメント教育、北大路書房

山中寛・富永良喜編（2000）動作とイメージによるストレスマネジメント教育＜基礎編＞、北大路書房

吉川悟（1999）システム論からみた学校臨床、金剛出版

N. Zaragoza, S. Vaughn, & R. Mcintosh,（1991）, "Social Skills intervention and Children with Behaivior problems: A review", *Behavioral Disorders*, 16, , pp260-275.

【第8章】

亀口憲治（1999）「円環的因果論」家族心理学会監修　家族心理学辞典、金子書房

亀口憲治（2003）家族療法的カウンセリング、駿河台出版社

西澤哲（2015）「家族の中の虐待－統計資料等に見られる特徴」児童心理10月号臨時増刊号、9-20、金子書房

村瀬嘉代子（2018）ジェネラリストとしての心理臨床家－クライエントと大切な事実をどう分かち合うか－、金剛出版

厚生労働省（2019）「平成30年　国民生活基礎調査の概況　Ⅰ-4　児童のいる世帯の状況」
https://www.mhlw.go.jp/toukei/saikin/hw/k-tyosa/k-tyosa18/dl/02.pdf（最終アクセス日：2020/07/08）

厚生労働省（2018）「平成29年度児童相談所での児童虐待相談対応件数」
https://www.mhlw.go.jp/content/11901000/000348313.pdf（最終アクセス日：2020/07/08）

厚生労働省（2018）「平成29年度福祉行政報告例の概況」
https://www.mhlw.go.jp/toukei/saikin/hw/gyousei/17/dl/kekka_gaiyo.pdf（最終アクセス日：2020/07/08）

厚生労働省（2020）「児童虐待の定義と現状」
https://www.mhlw.go.jp/stf/seisakunitsuite/bunya/kodomo/kodomo_kosodate/dv/about.html（最終アクセス日：2020/07/08）

内閣府「男女共同参画白書平成28年度母子世帯数及び父子世帯数の推移」
http://www.gender.go.jp/about_danjo/whitepaper/h28/zentai/html/honpen/b1_s04_02.html（最終アクセス日：2020/07/08）

内閣府（2020）男女共同参画局「配偶者からの暴力被害者支援情報」
http://www.gender.go.jp/policy/no_violence/e-vaw/dv/index.html（最終アクセス日：2020/07/08）

【第9章】

石田弓 編著（2018）教師教育講座 第11巻 教育相談【改訂版】、共同出版

日本弁護士連合会子どもの権利委員会編（2019）子どもの虐待防止・法的実務マニュアル第6版、明石書店

文部科学省国立教育政策研究所生徒指導研究センター（2011）生徒指導資料第4集　学校と関係機関等との連携－学校を支える日々の連携－、東洋館出版社

厚生労働省　虐待防止対策
　https://www.mhlw.go.jp/stf/seisakunitsuite/bunya/kodomo/kodomo_kosodate/dv/index.html（最終アクセス2020.7.12）

文部科学省　今後の特別支援教育の在り方について（最終報告）
　https://www.mext.go.jp/b_menu/shingi/chousa/shotou/054/shiryo/attach/1361204.htm（最終アクセス2020.7.12）

【第10章】

市川宏伸・内山登紀夫・広沢郁子編（2004）知りたいことがなんでもわかる子どものこころのケア－SOSを見逃さないために、永井書店

石井信子・藤井裕子・森和子・杉原康子（2014）改訂版　乳幼児の発達臨床と保育カウンセリング、ふくろう出版

市川奈緒子（2017）気になる子の本当の発達支援、風鳴社

文部科学省（1999）「学習障害及びこれに類似する学習上の困難を有する児童生徒の指導方法に関する調査研究協力者会議、学習障害児に対する指導について（報告）」

文部科学省（2012）「通常の学級に在籍する発達障害の可能性のある特別な教育的支援を必要とする児童生徒に関する調査結果について」

日本精神神経学会（日本語版用語監修）、高橋三郎・大野裕監訳（2014）DSM-5滞神疾患の診断・統計マニュアル、医学書院

小野次朗・小枝達也編（2011）ADHDの理解と援助（別冊発達31）、ミネルヴァ書房

大塚玲（2015）インクルーシブ教育時代の教員をめざすための特別支援教育入門、萌文書林

榊原洋一（2011）図解よくわかる発達障害の子どもたち、ナツメ社

鳥居深雪（2009）脳からわかる発達障害、中央法規出版

【第11章】

神村栄一（2015）「第5章　小中連携が左右する中1不登校」新潟大学大学院現代社会文化研究科ブックレット　新潟大学編集委員会　中1ギャップ－新潟から広まった教育の実践－、40-47、新潟日報事業者

新保真紀子（2001）『小1プロブレム』に挑戦する、明治図書

文部科学省国立教育政策研究所生徒指導・進路指導センター（2015）生徒指導リーフ「中1ギャップ」の真実
　https://www.nier.go.jp/shido/leaf/leaf15.pdf（2020年3月22日閲覧）

文部科学省初等中等教育局児童生徒課（2016a）義務教育の段階における普通教育に相当する教育の機会の確保等に関する法律
　https://www.mext.go.jp/a_menu/shotou/seitoshidou/1380960.htm（2020年6月28日閲覧）

文部科学省初等中等教育局児童生徒課（2016b）義務教育の段階における普通教育に相当する教育の機会の確保等に関する法律案に対する附帯決議（衆議院文部科学委員会）
　https://www.mext.go.jp/a_menu/shotou/seitoshidou/1380961.htm（2020年3月21日閲覧）

文部科学省初等中等教育局児童生徒課（2019a）平成30年度児童生徒の問題行動・不登校等生徒指導上の諸課題に関する調査結果について
　https://www.mext.go.jp/component/a_menu/education/detail/__icsFiles/afieldfile/2019/10/25/1412082-30.pdf（2020年3月14日閲覧）

文部科学省初等中等教育局児童生徒課（2019b）不登校児童生徒への支援の在り方について（通知）
　https://www.mext.go.jp/a_menu/shotou/seitoshidou/1422155.htm（2020年3月31日閲覧）

森崎晃（2019）「ICT教材を活用した不登校児童生徒の学習支援の検証結果－学びに向かう姿勢と学習行動について－」コンピュータ＆エデュケーション46、88-91

新潟県教育庁義務教育課（2010）「中1ギャップ解消プログラム～中1ギャップの解消に向けて～」きょういくeye2(03)（通巻7号）、開隆堂出版

坂本真佐哉（2016）「第1章　困難どころを乗り越える支援のポイント」坂本真佐哉・黒沢幸子編　不登校・ひきこもりに効くブリーフセラピー、1-16、日本評論社

高木友子（2018）「小1プロブレム対策を考える6～保護者サポーターから見たS市すこやかプラン6～」湖北紀要39、71-82

高木友子（2019）「小学校スタートプログラムにおける読み聞かせの利用について－小1プロブレムから円滑な接続へ－」湘北紀要40、83-92

反田任（2016）「一人一台のタブレット端末でめざす生徒の主体的な学び」Informatio13、19-33

【第12章】

森田洋二（2010）いじめとは何か、中央公論新社

文部科学省（2017）「いじめの重大事態の調査に関するガイドライン」
https://www.mext.go.jp/component/a_menu/education/detail/__icsFiles/afieldfile/2019/06/26/1400030_009.pdf（最終閲覧日2020年7月10日）

文部科学省初等中等教育局児童生徒課（2019）「平成30年度児童生徒の問題行動・不登校等生徒指導上の諸課題に関する調査結果について」
https://www.mext.go.jp/b_menu/houdou/31/10/1422020.htm（最終閲覧日2020年7月10日）

厚生労働省（2019）「平成30年（2018）人口動態統計月報年計（概数）の概況」
https://www.mhlw.go.jp/toukei/saikin/hw/jinkou/geppo/nengai18/index.html（最終閲覧日2020年7月10日）

文部科学省「保存版　いじめのサイン発見シート」
https://www.mext.go.jp/a_menu/shotou/seitoshidou/__icsFiles/afieldfile/2018/08/21/1400260_001_1.pdf（最終閲覧日2020年7月10日）

【第13章】

衞藤隆（2011）幼児健康度に関する継続的比較研究（第4回幼児健康度調査）平成22年度報告書、日本小児保健協会

市川宏伸・内山登紀夫・広沢郁子編（2004）知りたいことがなんでもわかる子どものこころのケア－SOSを見逃さないために、永井書店

飯田順三（2006）「習癖異常とは」岡崎祐士・青木省三・宮岡等監修、飯田順三編、こころの科学130　習癖異常、日本評論社、14-16

石井信子・藤井裕子・森和子・杉原康子（2014）改訂版　乳幼児の発達臨床と保育カウンセリング、ふくろう出版

次郎丸睦子・五十嵐一枝・加藤千佐子・高橋君江（2000）子どもの発達と保育カウンセリング、金子書房

かんもくネット・角田圭子編（2008）場面緘黙Q&A－幼稚園や学校でおしゃべりできない子どもたち、学苑社

中山巖編（1992）教育相談の心理ハンドブック、北大路書房

日本精神神経学会（日本語版用語監修）高橋三郎・大野裕監訳（2014）DSM-5滞神疾患の診断・統計マニュアル、医学書院

ストレスマネジメント教育実践研究会編（2003）ストレスマネジメント　フォ　キッズ小学生用、東山書房

カナー，L.（黒丸正四郎・牧田清志訳）(1974）カナー児童精神医学、医学書院

宮脇大・松島章晃（2006）「習癖異常の予後」岡崎祐士・青木省三・宮岡等監修、飯田順三編、こころの科学130　習癖異常、日本評論社、29-33

【第14章】

文部科学省（2018）学校の危機管理マニュアル作成の手引、独立行政法人日本スポーツ振興センター学校安全部

文部科学省（2013）学校防災のための参考資料　生きる力をはぐくむ防災教育の展開

文部科学省（2017）小学校学習指導要領

NHKスペシャル取材班（2015）釜石の奇跡～どんな防災教育が子どもの"いのち"を救えるのか？、イースト・プレス

福岡県臨床心理士会（2017）学校コミュニティへの緊急支援の手引き第2版、金剛出版

渡邉正樹（2013）今、はじめよう！新しい防災教育〜子どもと教師の危険予測・回避能力を育てる、光文書院

【第15章】

村井俊哉・森本恵子・石井信子（2015）メンタルヘルスを学ぶ、ミネルヴァ書房

秋田喜代美（2000）保育者のライフステージと危機　発達（83号）、48-52、ミネルヴァ書房

Anton Obholzer and Dr. Vega Zaiger Roberts（2014）『The Unconscious at Work: Individual and Organizational Stress in the Human Services』（アントン・オブホルツァー、ヴェガ・ザジェ・ロバーツ編、武井麻子監訳、榊恵子ほか訳、組織のストレスとコンサルテーション、金剛出版

石井信子・藤井裕子・森和子・杉原康子（2014）乳幼児の発達臨床と保育カウンセリング、ふくろう出版

文部科学省ホームページ

　https://www.mext.go.jp/component/a_menu/education/detail/__icsFiles/afieldfile/2015/12/25/1365252_05.pdf（2020年9月25日閲覧）

厚生労働省ホームページ

　https://www.mhlw.go.jp/content/000553598.pdf（2020年9月25日閲覧）

一般社団法人日本健康教育学会ホームページ

　http://nkkg.eiyo.ac.jp（2020年9月25日閲覧）

野口京子（2001）健康心理学、金子書房

WHO（2006）WHOライフスキル教育プログラム、大修館書店

島内憲夫・鈴木美奈子（2012）ヘルスプロモーション〜WHO：バンコク憲章、垣内出版

索　引

執筆者および執筆分担（執筆順）

［編著者］

内田　利広　　（龍谷大学 心理学部）はじめに、第1章

［著　者］

廣瀬真喜子　　（沖縄女子短期大学 児童教育学科）第2章

小泉　隆平　　（近畿大学 総合社会学部心理系専攻）第3章

林　　幹士　　（高田短期大学 子ども学科）第4章

福田　真奈　　（関東学院大学 教育学部こども発達学科）第5・7章

荒井久美子　　（京都教育大学 総合教育臨床センター）第6章

内田　純子　　（京都市・京都府スクールカウンセラー）第8章

堀内　詩子　　（龍谷大学 心理学部）第9章

渡名喜舞衣子　（沖縄女子短期大学 児童教育学科）第10・13章

岩本　脩平　　（ファミリーカウンセリングルーム松ヶ崎ふくらむ）第11章

浦田　雅夫　　（京都女子大学 発達教育学部教育学科）第12章

越知　照子　　（京都市立納所小学校）第14章

藤井　裕子　　（聖ドミニコ学院京都幼稚園）第15章

教育相談の理論と実践

2020 年 10 月 20 日　初版発行
2024 年 9 月 5 日　第 2 刷発行

編 著 者　　内田　利広

発　　　行　　**ふくろう出版**
〒700-0035　岡山市北区高柳西町 1-23
友野印刷ビル
TEL：086-255-2181
FAX：086-255-6324
http://www.296.jp
e-mail：info@296.jp
振替　01310-8-95147

印刷・製本　　友野印刷株式会社
ISBN978-4-86186-798-9　C3037
定価はカバーに表示してあります。乱丁・落丁はお取り替えいたします。